U0105504

中國大學人文啟思錄 第十卷
下冊

歐陽康　主編

目　錄

臨終關懷與生死觀的變革

沈銘賢　上海社會科學院哲學研究所研究員

各位朋友、各位同學，大家晚上好。

昨天我們講了與生命倫理相關的一些有爭議的問題，主要內容是講在今天現代生命科學醫療技術高度發達的情況下，我們該怎樣來處理與倫理相關的一些問題，例如如何處理科技與倫理的關係，怎樣提升倫理意識、增強倫理觀念、給予更多人文情懷等等。今天我們將討論一個同樣有爭議且緊迫的問題——臨終關懷。

臨終關懷之所以已成為一個十分緊迫的問題，和我們當今社會老齡化問題日益嚴重這一背景相關。上海是全國老年人口比例最高的城市，六十歲及以上的老人的比例已經達到百分之二十七，一千萬的常住人口（有上海戶籍的人口）中有三百五十萬左右是六十歲及以上的老人，可謂是深度老齡化。而就全國總體情況而言，六十歲及以上的老人約有近兩億人，超過了全國總人口的百分之十。老年人口急劇增長，可是社會可以給他們提供的照顧卻根本無法滿足需求。現在有這樣一個資料，當今社會對從事老人護理相關方面的人才的需求約為一千萬人，可是實際上我們現在接受過相關培訓、具有相關資格的合格護理人才還不到二千人，可見缺口很大。隨著老人年齡的增長，他們生病的可能性也會相應地增加，對護理的需要也隨之增加，護理難度也隨之加大，他們最終會面臨死亡。那麼我們該怎樣對待那些有疾

病的甚至是臨終的（即醫學上所謂的終末期的）病人、老人呢？

　　一九七六年，英國資深護士桑德斯創辦了聖克里斯多費臨終關懷醫院這樣一所臨終關懷機構，臨終關懷事業由此開始。在這所醫院門口鐫刻著這樣幾句話：「你很重要，因為你是你，即使在生命的最後一刻，你仍然是那麼重要，我們會盡一切努力幫助你安詳地逝去，同時也會盡一切努力讓你活到最後一刻。」這句話說得非常好，它集中反映了臨終關懷的理念。首先，這是對臨終病人的一種尊重。試想，如果我們自己是臨終老人，看到門口的那幾句話，我們會感到慰藉。這所醫院對臨終病人的尊重、關愛和他們採取的相關措施，和現代醫學特別是臨床醫學有很大不同。他們不是像安樂死那樣簡單地加速病人的死亡，也不是像現在的生命維持系統那樣去延緩死亡。臨終關懷的特點就是既不加速死亡，也不延緩死亡，而是讓病人平靜、自然、安詳地走完生命的最後一程，讓他們盡可能有尊嚴、盡可能沒有那麼痛苦地向自己的人生告別。在這個過程中，既有生理方面的治療，也有心理方面的安撫；既有對病人的治療，也有對病人家屬的安撫；既在病人生前對病人進行治療、照顧和安撫，也在病人死後對家屬進行安撫。正是這樣一種特別的模式和理念，使得臨終關懷在世界上發展起來，特別是在二十世紀末的歐美地區，臨終關懷事業迅速發展。而在亞洲，發展較快的主要是中國的香港、臺灣等地區，在中國內地，由於李嘉誠先生的資助，臨終關懷事業也得以發展。

　　現在由於老齡化問題的出現，特別是在上海這樣一些老齡化問題相對嚴重，甚至面臨著深度老齡化（即四分之一以上的人口是六十歲及以上的老人）的城市，臨終關懷進一步得到人們的重視。上海把臨終關懷叫作舒緩療護，香港、臺灣地區則將其稱為「安寧護理」或者

「療養」，把它作為一個實施工程，在全市（或者整個地區）推廣。上個月我們相關工作人員才舉辦了一次關於臨終關懷所涉及的倫理問題的國際論壇，業界普遍認為臨終關懷是醫學人道主義的新發展，是當代人道主義和人文關懷的重要體現，體現了對老人或者終末期病人的關愛，臨終關懷改變了醫護人員和他們相處的方式。

面臨終末期病人，我們有四種選擇。除了臨終關懷以外，還有以下三種。

其一是不惜代價地全力搶救。這是我們通常的做法，也是當下較為普遍的做法，不僅是在我們中國，全世界都是這樣。其特點就是一味地搶救，現有的生命維持系統為我們提供了各種各樣的搶救辦法。但它的弊端在於，很多終末期病人沒法經過搶救之後活下來，而且它會給病人施加許多痛苦，給病人家屬帶來很大負擔，醫療資源花費很大。一般來說，病人在生命的最後一個月所花費的搶救費用，會達到其一生醫療費用的百分之四十，可見搶救費用之昂貴。有人說，在ICU（重症加強護理病房）的每一次心跳、每一次呼吸都可能讓病人及其家屬付出很大的代價。同時，在這樣的情況下，病人全身遍布各種各樣的醫療器械，是很痛苦、很沒有尊嚴的。基於這樣的一些情況，一味地搶救這一做法受到了很多質疑，甚至被視為無效治療。於是，舒緩治療就發展起來。國外一位學者曾說過這樣一句話：「不惜一切代價地延長終末期病人的生命，這樣的行為是一種非常恐怖的仁慈。」我從中很受啟發，儘管我們不太願意承認，但「非常恐怖的仁慈」這一說法的確是比較恰當而深刻的。到重症監護室去看一看，我們或許就會有這樣的體會了。因此，從生命倫理的角度來看，這樣一種「恐怖的仁慈」能不能得到倫理的辯護呢？人們有了越來越多的質

疑。

　　其二是安樂死。昨天有一位同學就和我討論過安樂死的問題，我也知道現在有很多醫學院的學生和醫務工作者對安樂死有濃厚的興趣，都支持安樂死。我本人也多次說過，安樂死可能是我們人類死亡方式的一種進步。我們對安樂死相關問題的討論在二十世紀末就已經開始了，比利時一位專家最近來到上海講述了他們國家安樂死的實施情況。從中我們可以得知，安樂死本身的實施條件是相當嚴格的，我們國內對於安樂死的理解和相關報導，在我看來並不符合生命倫理學理論，不是荷蘭、比利時等國家實施的真正意義的安樂死。以上海為例，媒體報導過的上海第一例安樂死是一個兒子對其母親實施的。這位母親身患重病，經過治療未見好轉，不堪忍受病痛折磨而求死，她的兒子出於孝心也不忍看到母親受盡折磨，所以用電線將母親綁起來，然後對母親導電將其電死，並隨後去派出所投案自首。如果說這是安樂死，誰能為安樂死辯護呢？相似的報導還有很多，廣東深圳地區也曾有過孝子用給重病的母親喝農藥的方式使母親結束生命，告別病痛，隨後被審判。如果說這也是安樂死，我們又該怎樣來為安樂死辯護呢？因此，符合生命倫理學理論的安樂死，在西方很多國家合法的安樂死，是有非常嚴格的實施條件的。具體說來，有這樣一些：第一，患者的病情必須是不可逆轉的，是臨終病人，在醫學上沒有辦法可以將其治癒；第二，必須是患者本人在意識清醒的情況下主動申請過，而且要留下書面檔（可以是患者親自執筆或者患者家屬或法定監護人受患者委託所執筆）為據，否則對安樂死的要求就是非法的；第三，必須要有兩名或兩名以上的主治醫生來證明患者的病情是不可逆轉的，證明對安樂死的申請是患者主動提出的；第四，必須要有一定

的報告程式，或者一段時間的緩衝期。例如，患者於今天提出申請，要等一段時間才能實施，可能是七天，可能是十天，可能是兩個禮拜。在這段時間內，患者隨時可以改變決定和撤銷申請。再如荷蘭的規定，安樂死必須要上報給一定的部門或者機構。必須在以上幾個條件都具備的情況下，安樂死才能實施。實施的具體方法就是患者自己、患者家屬或者醫生（一般來說是醫生）向患者體內注入一種藥物，讓其沒有痛苦地迅速死亡。安樂死的特點是加速死亡。如果不符合以上列舉的幾個條件，就不是嚴格意義上的安樂死，不能得到倫理上的辯護。然而非常遺憾的是，我們現在所理解的安樂死都只是以安樂死的名義、打著安樂死的旗號來實施的。如果是符合以上條件的安樂死，我個人認為是可以得到倫理辯護的，是一種可供選擇的死亡方式，也是人類死亡方式的一種進步。但是試想，以我們國家現在的國情、醫學水準、管理水準、國民素質及文化發展現狀，應該說我們現在還不具備推行安樂死並把安樂死合法化的條件。如果我們現在像荷蘭、比利時等國家一樣將安樂死合法化，可能會出現極大的混亂，會產生種種匪夷所思的謀財害命的方式，我們社會對公民生命的尊重和保護會受到極大的威脅。因此我個人認為，安樂死可能會是未來的一種死亡途徑，但現在還不能成為可供我們選擇的一種方式。

其三是自殺。自殺也有各種各樣的方式和情況，特別是在同濟醫院這樣一所著名的三甲醫院裡，我們尤其可以看到很多病人不堪病痛的折磨，以跳樓等各種各樣的方式結束自己的生命。對於這樣的病人，他們的病情是不是就是不可逆轉的、無藥可治的呢？是不是真的就一定要以這樣的方式來結束生命呢？這樣一種結束生命的方式是不是有尊嚴的、沒有很大痛苦的呢？好像也不是。各位都是醫學生，在

醫院裡見習時看到過很多類似的情形，肯定比我要清楚得多。自殺可以說是無法禁止的，甚至有些名人選擇自殺身亡，但是從倫理學的角度來看，從可供我們選擇的方式來看，我們並不認同這樣一種輕視生命的做法。當然不可否認，放棄治療也是一種選擇，可是一般來說，我們不傾向於這種選擇。因為這還是一種痛苦的死亡方式，我們出於對病人生命的尊重也沒法認同。就像聖克里斯多費臨終關懷醫院門口的幾句話所說的那樣，我們要讓病人活到最後一刻，他的生命是很重要的，我們沒有必要讓他提前放棄治療，我們可以有很多方法，臨終關懷就不失為很好的一種。

大體來說，我們有以上幾種選擇。在我看來，面臨老齡化，面對終末期病人，其中最好的一種選擇當屬臨終關懷。這是我們當下可以推行、可以接受、可以為其作倫理辯護的。因為它具有既不加速死亡，也不延緩死亡的特點，而且是對病人全方位的照顧，所以相對來說更易於得到認可，更可能順利發展。因此，它現在被世界衛生組織、聯合國教科文組織、各國政府和醫務界廣泛認同。我們也希望臨終關懷能夠在全國推廣，我有這樣一個想法：希望臨終關懷是針對夕陽老人的朝陽試驗。我認為臨終關懷這樣一項工作、一項實驗，這樣一種對臨終老人的照顧、尊重，必會得到長足的發展，它的物件是夕陽般的老人，但本身是朝陽般的事業。

在上海的臨終關懷工作會議上，一位日本學者在會上進行了發言，提出了一個很有意思的問題，他這樣說道：「日本是一個實行全民免費醫療的國家，在全民免費醫療的背景下，是否還需要臨終關懷？是否有可能來發展臨終關懷？」他在此前曾做過一些調查，調查結果顯示一些日本國民認為臨終關懷是不必要的。我們想想似乎確實

有一點道理，既然是全民免費醫療，治病又不需要花錢，為什麼不搶救呢？在這樣的情況下，臨終關懷的發展與推廣確實可能遇到障礙。但是他也說道，有些臨終病人和病人家屬認為搶救會給病人帶來極大的痛苦和對病人的尊嚴的剝奪，即使不需要花錢，他們也不願意接受。他們更願意接受臨終關懷，讓病人少一點痛苦，讓病人更有尊嚴地走完自己的生命歷程。我們由此得知，即使是在全民免費醫療的國家，臨終關懷仍然有巨大的發展空間。所以我相信，這是一個朝陽產業、朝陽事業。

自二十世紀末開始，由於李嘉誠基金會的支持，中國的臨終關懷事業在北京、上海、廣州等地率先發展起來，但總體上發展得非常緩慢且不順利。臨終關懷得不到中國醫學界、政府、公眾的理解和支持，其中有很多問題，比如投入不足。其中很大的一個問題是我們對死亡的態度，這是受我們的文化觀念影響的。中華民族被認為是忌諱死亡的民族，中華文化被打上了忌諱死亡的烙印，這個意識也確實存在于我們中國人的觀念中，我們都希望不會老，希望活到一百歲。二〇〇四年，新華社記者李蘭英曾發表通訊文章《巴金的痛苦》，記述了巴金在重病時多次要求不要搶救自己，讓自己坦然接受生死。文章裡寫道，巴金說：「長壽對我是一種懲罰。」我們中國人普遍願意「壽比南山」，那麼長壽怎麼會是一種懲罰呢？因為我們嚮往的長壽是以健康為前提的。如果是在這樣一種痛苦的狀況下，活著就是一種懲罰，生存是沒有品質的。這篇文章就提出了這樣一個問題，使得我們懷疑我們的傳統觀念，讓我們去反思自己對生命和死亡的態度。

那麼中國人對生命和死亡的態度到底是怎樣的呢？中國傳統文化是怎樣認識生命和死亡的呢？主要有以下幾個要點。

首先是尊重生命。我們向來認為生命的價值是不可估量的，是至高無上的。在馬王堆發現的殘卷上記載著古代的兩位元賢明帝王堯和舜的一段對話（此處已譯為現代語言）：「天下什麼是最珍貴的呢？」「生命最珍貴。」這段對話最具權威性地代表了我們的傳統理念——生命最珍貴。孫思邈說過：「人命至重，有貴千金。」說明人的生命是最珍貴的。《黃帝內經》記載：「天覆地載，萬物悉備，莫貴於人。」類似的說法還有很多，這些都說明我們中國人和我們中國的傳統文化絕非不重視生命、不愛護生命，我們中國人的繁衍和人口發展與我們的傳統文化息息相關，這是我們應該肯定並且繼承的。我們可以理直氣壯地說，中國的傳統文化是尊重生命、愛護生命，把生命放在至高無上的地位的。

　　其次是渴望善終，能夠平靜安寧地死去，所謂「終始俱善，人道畢矣」。人的生命應該像春、夏、秋、冬四季一樣，是一個很自然的過程。我們應該去順應它的變化過程，而不應畏懼死亡。當然我們也沒必要像莊子那樣，以死亡為樂。他在妻子去世時鼓盆而歌以慶祝大自然的勝利，這種思想和做法是非常超前的。而儒家則要求我們在活著的時候要很好地處理各種各樣的情況，盡到自己的責任，面對死亡的時候則要平靜安寧地對待。

　　當然也有「捨生取義」，這是完全從提倡仁義的道德層面來講的。

　　所以我們可以看到，中國傳統文化中確實對生較為看重，對死較為輕視，甚至不大願意去討論與死相關的話題。我們都知道孔子曾說過「未知生，焉知死？」若是生都不知道，又怎麼知道死呢？怎麼能來討論死亡呢？我們可以從中得知，在孔子的心目中，死亡是天定

的，不是我們人可以討論、可以得知的，我們應該回避這一話題，不作討論，這種觀念對中華民族的生死觀影響深遠。另外，也有一些研究傳統文化的國學家們試圖從正面來理解孔子的這一觀念，挖掘其合理性，形成對生死觀的其他看法和態度。我們不可否認的是，「未知生，焉知死」這六個字對我們的生死觀特別是死亡觀的形成確實產生了一定的消極影響。《黃帝內經》則說得更為清楚：「人之情，莫不惡死而樂生。」這個說法很正確，死亡有很大的痛苦，我們當然不願意死亡。

但是在對生命如此看重的情況下，我們應該怎樣面對死亡呢？我們的傳統文化中莊子等人都對此有很好的認識，但是我們的主流傳統意識還是忌諱死亡的。所以臨終關懷在發展過程中，出現了與傳統觀念的衝突。

北京松堂醫院是一所著名的臨終關懷機構，醫院的醫護人員曾邀請著名女高音歌唱家關牧村去醫院給終末期病人唱歌。關牧村熱情友善地為病人們服務，病人們很高興，便對關牧村說：「關老師，以後能不能再請你來？」關牧村回答說：「可以，我很願意，隨時可以過來。不過我有一個小想法，也不知道對不對。」病人們說：「關老師，那你說吧。」關牧村就說：「你們機構能不能改改名字啊，叫『臨終關懷』多不吉利啊⋯⋯」我們現在很多人都像關牧村一樣，對「臨終」這兩個字很反感，認為這是不吉利的，而臨終關懷醫院則被認為是死亡之地，人們不願意去，子女也不願意送父母去。所以我們一般都不說「臨終關懷」，在港臺，人們將類似機構稱為「領養」或者「安寧護理」；在上海，我們則稱之為「舒緩療護」。

最近在上海發生的一件事也反映了類似的問題，至今也還未得到

解決。上海浦東新區的一處居民區，按規劃應建一個臨終關懷中心，或者是類似的養老中心、護理中心。附近的居民得知此事後，聯合起來強烈反對這個機構的修建，認為「臨終關懷」這幾個字會給他們帶來晦氣，會帶動房價下跌，無人前來居住，也會使得他們的孩子沒法健康愉快地成長。不僅是浦東新區，上海的楊浦區等其他好幾個地方臨終關懷中心的建立和發展都遇到了類似的問題，這樣的障礙是普遍存在的。

阻礙臨終關懷發展的另一個問題就是「孝」。大家可能知道，陳毅死亡的時候非常痛苦，他的孩子對此進行反思，他的孩子與醫生之間有這樣一段對話，他說：「你敢提嗎？我敢做嗎？如果對這些臨終老人提出不對他們進行積極搶救，而是送他們去臨終關懷中心，通常會被認為是子女對父母、對長輩的不孝。」作為子女，他們的內心也會有很多糾結，輿論也會對他們有很多譴責。這些理念根深蒂固地扎根於我們的腦海中，讓我們覺得我們就應該不惜一切地去搶救臨終的長輩，唯有這樣才是「孝順」的表現。「不孝」是很大的罪名，誰敢去承擔呢？

所以，我們對死亡的忌諱，我們的「孝」的觀念，都極大地影響了臨終關懷事業在中國的發展。在我看來，這是臨終關懷事業的兩個較主要的文化障礙。我們應該為臨終關懷事業的發展創造良好的文化條件，這就要求變革我們傳統的生死觀念，否則臨終關懷的發展將舉步維艱。然而，消除這些障礙的任務是很艱巨的，我們這次開會時，與會人員也一致認為我們的生死觀有種種問題，會和臨終關懷的發展產生極大的衝撞。因此我們應該來變革我們的生死觀，為臨終關懷的發展創造條件。那要怎樣來創造條件呢？我有這樣一些想法。

第一，發展我們傳統文化中優秀合理的成分，把生命倫理和傳統文化加以整合。具體來講有以下幾個要點。其一，我們應該理直氣壯地肯定我們傳統文化的生死觀念中也有優秀合理的成分，如「尊重生命」、「終始俱善」等。關於「孝」的文化也是我們優秀傳統文化的組成部分，我們應該尊重老人、孝順長輩，「老吾老以及人之老，幼吾幼以及人之幼」。我不是說我們不應該尊重老人，不應該孝順長輩，可問題是該怎樣去孝順？我們能不能把讓老人安寧平靜、有尊嚴地走完生命的最後歷程當作行孝的一種方式呢？我們尊重老人，尊重老人的意願。讓老人在臨終前，生命不可逆轉的情況下，少一點痛苦，多一點尊嚴。這是不是孝呢？我認為是的。我們能不能把這種觀念和我們的傳統文化這樣整合一下呢？這樣我們就可以在新的形勢，新的文化條件，新的醫療條件下行孝，我覺得我們應該做這樣的工作，做這樣的宣傳，形成這樣的理念。還有，就像巴金所說的：「長壽對我是一種懲罰。」是不是只要活著，只要有口氣在就是有福呢？中國有「五福臨門」這樣一種觀念，「五福臨門」在我們的傳統文化中當這樣解讀：「一曰壽，二曰富，三曰康寧，四曰攸好德、五曰考終命。」這是古典文獻上白紙黑字記載的，其中第五福就是壽終正寢，即善終。那我們可不可以把「考終命」這樣一種理念和現在的生命科學、醫療技術加以結合，進行創造性的轉換呢？我想這是可以的。在遇到觀念衝突的時候，在特別忌諱死亡的地方，在「孝」的觀念特別深厚的地方，如果我們能這樣加以解釋，讓大家認識到「壽終正寢」、「盡其天年」、「盡享天年」是福而非禍，如果我們能在「尊重老人」的觀念中加入「讓老人安詳地有尊嚴地死亡」，把這也當作是「孝」的表現之一，這樣的話，我想這種「創造性的轉換」也就可

以實現了。

　　第二，開展死亡教育。我們現在對死亡很忌諱，從來不開展死亡教育。但是我們應該看到，死亡不僅是不可避免的，而且是有積極價值的。相關統計資料顯示，現代人類自誕生以來已經約有八百五十億人次，如果只生不死，那我們現在將面臨怎樣不堪的局面呢？所以死亡當然是不可避免的，而且有重要價值。現代醫學快速發展，產生了「長壽基因」這樣的技術，但也不可能改變死亡的存在，這是我們的宿命，不是我們可以選擇的。我們應把死亡教育作為生命教育的一個不可缺少的組成部分。要正確認識死亡，我覺得這其中很重要的一個方面就是對我們的醫療衛生工作者和臨終關懷工作者進行死亡教育，變革我們的死亡觀念。我們之前開會也談到這個問題，忌諱死亡這一思想觀念不僅是公眾、病人、病人家屬有，我們的工作人員也有。我們如果不變革這個思想，臨終關懷事業就很難推廣，解決這方面的問題是很重要的。但死亡教育在國內的實施也有困難，一方面醫學院課程很多本身負擔已很重，另一方面我們缺乏相關的專業教師。死亡教育在西方現在已經是很重要的一門課程，我想我們國內的死亡教育也應該逐漸發展起來。

　　第三，借助宗教的力量，基督教、佛教、伊斯蘭教均可。世界三大宗教對於死亡都有很多合理、優秀的見解，我們應該把它們利用起來，發揮它們在臨終關懷事業發展過程中積極的文化作用。香港地區的臨終關懷事業是怎樣得到相對較好的發展的呢？主要是基督教的作用。而臺灣地區呢？則主要是佛教的作用。在臺灣慈濟醫院，有大量的佛教人士、基督教人士參與到臨終關懷事業中來。我也看過星雲大師的一些語錄，大家在網上都可以看到，他們把宗教作為一種信仰、

一種人性關懷。其對待死亡有什麼合理因素呢？我認為其中最重要的是，他們把死亡看作是人生的一個新的開始，讓死亡產生了一種寄託。例如按照基督教的理念，人是上帝創造的，上帝在創造世界的第六天創造了人類，我們人的生命是上帝給予的，我們的生死都是上帝安排的，我們的死亡是聽從上帝的召喚，上帝一召喚，我們就回到主那裡去，回到基督那裡去。耶穌基督都是上了十字架的，我們又為什麼要懼怕死亡呢？我們只是聽從主的召喚，回到主的身邊去，死亡並不是一件多麼可怕的事情。而佛教則是講生命的輪迴、涅槃，星雲大師講得很多。死亡不是結束，而是一種開始，我可以由此輪迴轉世，我可能比我的今世還活得更好，我甚至可以到天堂……宗教給予死亡一種光明、有前景的解釋，給予病人及病人家屬以希望，我認為這是很好的。我們可以從「天葬」中看出西藏人對於死亡的態度，「天葬」向來被人們認為是不尊重生命的做法，但在西藏是很盛行的。因此，利用宗教來給予死亡一種光明的解釋，給予臨終病人一種希望和寄託，是符合人性的要求的，是符合臨終病人的需求的。所以我有這樣一種想法——對於死亡，對於臨終老人，除了科學的真相、真理之外，我們還應該給予心靈的撫慰和寄託。臨終老人如果對死亡看到了希望，有了寄託，他們對死亡的態度就會有所轉變。因此要有科學的真相，也要有心靈的撫慰。我認為，面對死亡、面對臨終老人，應該借助宗教的作用，它給予死亡光明、希望、安撫，這是了不起的、很好的。愛因斯坦說：「只要把宗教中的上帝和神靈去掉之後，宗教所留下來的就是培養道德行為的最重要的源泉。」據我所知，現在上海的臨終關懷醫院也逐漸允許病人舉行各種宗教儀式，邀請宗教人士參與。但是目前這還很不夠。當然，我們也不是不需要理性的東西，可

是對生命的寄託、對心靈的安撫，讓病人及其家屬看到死亡的光亮、希望和寄託，我認為這是很重要的。

最後，我們要提倡健康的價值，我們要提倡健康的活法，提高生活的品質、生命的品質。正如巴金所說：「不是我要活著，是你們要我活著。我並不想活到一百歲……你們一定要巴老活到一百歲。」在這樣沒有生命品質、沒有生存價值的情況下，長壽還有什麼價值呢？因此我們現在要重視健康的價值，把生命的價值和健康的價值結合起來，把生命神聖這一理念與生命的品質統一起來，這是很重要的，是當下我們迫切需要的。世界衛生組織近來也提出「健康的價值」，提倡提高人們的生存品質，臨終關懷是符合這一理念的。所以，如果把健康的價值與生死掛鉤，那就有可能使死亡的價值得到確認，死亡是一種解脫，不再是某些人消極厭世的藉口，也使臨終關懷由此得到理性、人道的辯護。又如巴金所說的「長壽對我是一種懲罰」，也讓我們反思生命價值這樣的問題。我們現在迫切需要提倡健康的壽命，提倡生存的品質，這也是有利於臨終關懷事業的發展的。

最後，我想向大家推薦兩句話。

其一是明代的王陽明所說的：「人於生死念頭，本從生身命根上帶來，故不易去。若於此處見得破，透得過，此心全體方是流行無礙，方是盡性至命之學。」我一看到這句話，就很欣賞它，就很願意把它推薦給朋友們。這句話說得太深刻了，人們唯有看得破，看得透徹，才能「流性無礙」，才能「盡性至命」。這是很有道理的，你既看破生死，自然就會萬事通達了。

其二是我的一些學生所說的，他們是上海交通大學的「守望」志願者。我在給他們上課時說，我一直希望他們週末能去臨終關懷機構

看看臨終的老人，跟他們交流交流，聊聊天，去做志願者。他們的志願者團隊就叫「守望」志願者。他們說：「如果真有天國存在，希望我們是送臨終的人去天國的天使。」

我希望我們大家都能夠做到「盡性至命」的通達之人，都能夠做「送臨終的人去天國的天使」。

謝謝大家！

2014年於華中科技大學演講

陳俞蓉根據錄音整理

透過故宮看中國文化的核心價值

葉舒憲　中國社會科學院研究員

　　各位老師、同學晚上好，很高興第三次來到華中科技大學做講座。這次帶來的內容，聽起來都像是一些常識，但是今天講的主要不是常識方面的東西，而是常識中沒有的一些東西。打個比方來說，二十一世紀有一部小說《達‧芬奇密碼》，講的是一個美國作家從巴黎的羅浮宮開始對西方的主流文化用解讀密碼的方式進行講解。我是借著故宮講中國傳統文化的核心價值。

　　大家看螢幕上有一隻熊。它是故宮中的珍寶，講故宮為什麼會拿出熊的圖片來？故宮是明清兩代皇帝執政的地方，那裡面珍藏著歷代被評價為極珍貴的東西。圖上的這件，應該是清朝乾隆年間的。它模仿的是商代的一個青銅器，名字叫熊尊。湖北省博物館和河南鄭州的博物館裡都有很多青銅器。青銅器是商周時期的禮器，用於敬天神、拜祖宗。這些都是神聖的法器。為什麼把一個青銅器叫「尊」呢？今天也有像花瓶一樣的「尊」，「尊」是「尊貴，尊崇」的意思。這個熊尊上面的紋飾就是一隻熊。有人問是不是放錯地方了，沒有錯。清乾隆用新疆運來的和田白玉模擬商代的青銅禮器「熊尊」做了一個白玉熊尊，它是一九四九年被運走的珍寶之一。故宮在那個時候就成了一個空的建築，新中國成立以後經過到處收集遺失的珍寶，現在也有了珍寶館。但是真正明清兩代珍藏的文物，都在臺北的陽明山的山洞

裡藏著。

華表和熊、獅能說明什麼呢？說明了中華文化的編碼是一個漫長的歷史疊加的過程。有些東西我們太熟悉了，比如獅子，在很多銀行門口都擺放著獅子，但這已經是後來的編碼了。這不是中國本土文化的東西，是外來的，因為在東亞地區是沒有獅子的。從中亞地區到太平洋地區的環境根本不生養獅子。我們在電視上看到在非洲有許多獅子，外來的獅子怎麼就成了故宮門前的守衛者？這就涉及獅子和熊的關係。華表應該是天安門前我們最熟悉的一個符號，因為中國對外就稱華，反對中國就是反華。這個「華」如果要用一個符號來代表，就是華表。所以進故宮之前，如果從天安門進去的話，第一件事就是在華表前拍照。大家現在看到的螢幕上的解說詞，就是天安門華表下面的文字。華表建於明永樂十八年，和故宮建成的年代是一致的，材質是漢白玉，在天安門前後各有一對，一共是四個，是主體天安門的重要裝飾。華表上方是承露盤。承露盤上面還有一個像獅子一樣的猛獸，它的名字叫「犼」。

由於這次講座是針對文科生，並且是研究生學歷以上的學生，所以這個過程中會有一些專業術語。第一個就是文化文本。我把故宮、天安門、華表當成是華夏文化文本中最重要的、具有代表性的符號來講，我要通過這個來講述中國歷史。「大傳統」、「小傳統」這一對概念是比較新潮的說法。在過去把掌握文字、書寫歷史的城市的精英文化叫作「大傳統」，而民間的文化叫作「小傳統」。現在我們用這一對概念表示另外的意思。我這裡要突出的是「大傳統」的「大」字，「大傳統」指的是先於漢字、外於漢字記載的文化傳統。簡單來說，就是它比甲骨文出現的時間還早，沒有文字的時候就有的文化。所以

重要的是我們要通過故宮看出華夏的核心價值是怎樣來自「大傳統」的，也就是歷史的深遠性。「小傳統」指的就是有漢字記載的，我們能在圖書館裡借書看到的內容。相對于「小傳統」，「大傳統」的歷史應該有上萬年。「小傳統」是在甲骨文、金文出現時才有的，有三千多年的歷史。第三個關鍵字就是神話編碼。比如我剛才介紹的《達·芬奇密碼》，這部作品希望通過羅浮宮裡西方最有名的油畫《最後的晚餐》來講述西方主流價值觀背後被遺忘、被遮蔽的內容。講故宮一定要結合整個北京城，因為故宮是皇城，它是北京的內城。所以順著故宮看，南面是午門，午門前面是天安門，天安門過去是前門，前門再過去就是剛才畫面上給出的天壇。南面是什麼呢？就是天壇。建造這樣的建築的目的是象徵這個文化的最高統治者叫天子，他的權力、他的能量都來自天上的神話世界，天壇就是這麼來的。它是一個宗教式的建築。一般外國人到這裡會覺得為什麼沒有教堂。中國的佛教是從印度傳來的，中國人好像沒信仰，沒宗教。這種說法是根本不了解華夏文化的表現，如果了解的話你會發現中國人非常虔誠。

天壇上面有一個發光的、非常神聖的東西，這跟我們下面要講的密碼息息相關。天，古代人叫青天。這跟故宮中珍藏的一批文物材料的顏色有關。天上能夠發光的東西，白天是太陽，晚上是月亮和星星。在中國人的比喻中，這些發光體被稱為玉。用太白的詩來說就是「小時不識月，呼作白玉盤」。天壇頂上有一個發光的、白白的東西。中國古人不認為它是月球。因為當時沒有物理學、沒有天文學，只有神話。所以我們今天的月球探測器叫嫦娥三號、玉兔號，這些就是這麼來的。這就是我要講的文化編碼。西方人不了解這套信仰，以為這是給兒童看的文學故事。其實這些不是文學，而是信仰。

天安門前是故宮最神聖的方位。一九四九年，毛主席就是在這裡宣布中華人民共和國成立的。像開國大典等一系列重要的典禮都是在這裡舉行的。我對故宮的解讀就從華表開始。我用了兩個生僻的詞來解釋。一個叫「第四重證據」。在法庭上審判案子一定要舉證。我們在文學界有一個新學科叫文學人類學，提出了研究中國文化有四重證據可以舉證。第一重就是傳世的文獻，圖書館裡自古流傳下來的那些經典，那些書，以四庫全書為代表。第二重是地下發現的，圖書館裡沒有的，像甲骨文、金文等。沒有文字，甚至連語言也沒有的，只有在中國廣闊的地域裡，涉及民間的、習俗的、禮俗的、口傳的、儀式的、表演的，凡是和宗教有關的，我們叫第三重證據。有個詞叫非物質文化遺產，這些在以前的大學裡面根本不講，因為根本沒有文字記載，被視為「下里巴人」。今天我們將它們叫作研究文化的第四重證據。下面有兩個詞是對第四重證據的解釋。什麼是「第四重證據」？一是物的解釋，二是圖的解釋。學文學的都知道，文學分為抒情文學和敘事文學。敘事文學包括小說、戲劇、散文等體裁。把文學中的敘事概念用在文化文本的符號分析上，就有了物的敘事和圖的敘事。

　　下面從五個層次解讀大家最熟悉的華表。我用五個神話主題來說明。這五個主題像密碼一樣編在上面，而且它能解讀出的歷史之深遠超出我們的想像。第一個要解讀的就是華表的材料以及故宮中主體建築的材料。這些材料都是漢白玉。漢白玉到底是什麼東西？我們怎麼向外國朋友介紹故宮的建築材料？你用音譯，別人會不知所云。你翻譯成石頭，又不能說明它的價值，所有的建築都是用石頭做的。那它為什麼叫漢白玉？這就是華夏獨有的一套編碼體系、命名體系。第二個要解讀的是華表的主體紋飾。它的主體紋飾是一條龍，從下到上，

代表著升天。所以我們說「騰龍駕雲」，上面有一些龍、一些雲紋。第三個要解讀的是華表頂端的，像圓盤一樣的東西。它原來的名字叫「承露盤」。因為太高了，看不仔細。它到底有什麼奧義，一般人不太了解。然後再看華表下方，同樣是漢白玉的圍欄。四個圍欄柱上有四個獅子，它們朝向南面。天安門前面兩個，後面兩個，一共四個，這是第四個要解讀的。第五個要解讀的是華表頂端的「犼」，在華表的標準解說詞中有介紹。這五個神話主題是怎樣先後組合形成了最高統治者的最高權威並且象徵其通天通神的能量的？這樣一個神聖的標誌是我們下邊要逐漸分析的。

　　要講華表，要講故宮，一定要連繫整個北京城。看看圖上的日期大家就明白了，整個北京城在二〇〇八年的夏天發生了一件大事，一個向全世界展示我們中華文化的機會到了，僅僅電視觀眾就有四十億。這就是第二十九屆奧林匹克運動會。開幕式上一共有二十九門火炮，有二十九個禮花從天上劃出一道痕跡，大家可能沒有注意它是從哪個方位劃出來的。經過天安門廣場上空，前面就是天壇。從正南的方向，劃過天安門，劃過故宮。那邊還有地安門，地安門過去是亞運村。中間還有景山，還有很多地方。在設計鳥巢的時候，就把它放在了北京城故宮的中軸線上。我們講故宮，講中華文化的核心價值，那麼什麼是核心價值？其實很簡單，講到最後就剩兩個字了，一個「中」，一個「國」。就是這兩個字，為什麼是這樣的呢？因為從南向北看完了以後，北京還有兩個壇。南邊叫天壇，北邊叫地壇。東邊叫日壇，西邊叫月壇。所以你把四個壇畫出兩條直線，剛好是一個十字交叉。剛才介紹故宮三大殿，就是在交叉點下面。實際上，這個設計者是有宇宙論的觀念的。「中國」是什麼意思？天下有萬國，最

神聖的一國就是中央的這個。就這麼簡單，最早的這兩個字出現在西周的一個叫「合尊」的青銅器，當時指的是洛陽，就是嵩山那個地方。所以夏商周三代所建立的權力中心，古代所謂的中央政權，都在嵩山腳下那一塊兒。今天河南還叫「中原大地」。「中國」的意思就是認定了天下之中在這兒。古代人不知道地球是圓的，以為是方的，有四個邊。這四個邊一測量，知道大概哪是中央。古代通過觀察太陽運行，用一種叫測日影的方法來定天下之中。所以現在嵩山腳下有個周公測影臺，指的就是古代帝王建都要先找一個宇宙之中的地方。宇宙之中是指天上的中心對應的地上的中心的地方。故宮是今天的叫法，在古代叫紫禁城。紫禁城進去並沒有紫顏色。主要的建築材料是漢白玉，是白色的。琉璃瓦不是黃的，就是青的，還有紅牆。那為什麼叫紫禁城呢？因為地上的中心取法於天上的一顆星，叫北極星。它不動，有一個北斗星在圍著它轉。整個這個星團叫作紫薇苑。地上的紫禁城是對著北極和北斗的。宇宙的中心從天貫穿到地，中國人的王權建構，先要畫出一個天下中央。中國的文化從唐朝開始，宋朝以後，都城的建立已經不在中央了。南宋的時候跑到杭州去了，明朝初期在南京，故宮修建在河北的北部。這還能是嵩山，天下的中央嗎？地理意義上已經不是了。這不要緊，中國人有辦法。就剛才說的，天壇、地壇、日壇、月壇，一個十字畫出來的中心就是中央。還不是這麼簡單，這十字中央是故宮三大殿的所在地。這條龍脈所連通的地方是北京城後邊的燕山，就是上長城八達嶺的地方。從那兒過去就都是山了。建造故宮，那時候沒有什麼建築設計院，沒有什麼專業的機構。如果要找對北京城、故宮的建立有較大貢獻的人物，應該是南方的客家人。在江西的一個叫三僚村的地方，有一個客家知識分子團

體。為首的叫廖俊青，當時是明朝永樂皇帝通過禮部尚書在民間招來的。整個設計都是他們提的方案。今天給這個地方一個很好的稱呼叫皇家風水師的搖籃。北京城還沒建之前，就先要找這條軸線。奧運會二十九個禮花、腳印，從南向北沿著這條軸線，一直到鳥巢上空。這條軸線的意義在於永樂皇帝先給自己找了一個陰宅。就是北京城還沒建，先要給皇帝找一個陰宅。人活著的時候居住的地方叫陽宅，死去後住的地方叫陰宅。建陰宅要先看風水，於是就看好了北京城後面的這個燕山，十三陵這塊地方。因為燕山後面有太行山，再往後有內蒙古的陰山。再過去有崑崙山、有祁連山。中國風水師最大的講究，就是把中國的地圖看成三大龍幹。用風水師的眼光看起起伏伏的山，叫作龍脈。中國的山太多了，如果一定要找出最重要的一個，就是新疆的崑崙山，它是萬山之祖，從唐代以來的風水書裡已經講得非常明白了。中國的山基本上和河的流向差不多，「一江春水向東流」，中國的地勢是西高東低，山脈的走向也大致是這樣的。所以三大龍幹的北幹就是我說的從陰山、太行山到燕山這一帶，所以從南京遷到北京，首先看到了通向萬山之祖——崑崙山的北脈。奧運會的舉行，有人說是千年等一回，向世人展示自己的文化。這個編碼看起來很熱鬧，但是它的文化意義沒有人去解讀。設計者心裡明白，但沒有一個宣傳片來說明它的內涵及意義。二十九個腳印走的就是這條中軸線，是古代風水師勘測出來的。如果你去鳥巢拍照，要記得這個鳥巢是跟故宮、天壇、地壇在一條線上的。奧運會是古希臘人發明的，還沒開之前，先在人家那兒點聖火。誰點聖火呢？女祭司。它有它信仰的神權背景，等到傳到北京這兒，還能按照希臘的那套來嗎？這就是我們的編碼，你的神聖要編到我的神聖體系中來，就是這個意思。這是我們今

天能夠解讀出來的。

　　剛才講到紫禁城很重要的幾個建築。如果學過《周易》裡邊的語言，看這些宮殿的命名就比較容易理解了。《周易》主要就是講乾坤、天地、陰陽、男女。紫禁城除了剛才講的三大殿「太和殿」等之外，還有三大重要的宮。在太和殿后面，第一個叫乾清宮，它靠南一點。靠北一點的叫坤寧宮。這不就是一乾一坤、一陰一陽、一男一女嗎？中間還有一個殿叫交泰殿。這體現了中國人說的宇宙中兩種主要的力量，一陰一陽。怎麼樣讓它們相互感化？宇宙的運行、國家的治理，包括風調雨順、農作物的豐收全依賴它。這就是乾清宮的布局的意義。我們在這裡主要解讀的是神話編碼。乾清宮的門前有一個宏大的建築，跟華表有關。華表上飾有一條龍往上升，這上面有九條。華表用的是漢白玉，這裡也是用的漢白玉。畫面上的這一塊，兩邊有銅獅子守護著的，就是最神聖的一個，最大的浮雕。咱們看看它是怎麼講的：九條龍，下面是海水，要駕著雲彩升天。實際上象徵什麼？象徵著海陸空三界。龍就是穿越人所不能穿越的所有界限，上天、下地、入海。這和我們說的我們是龍的傳人差距非常大。我們不是它的傳人，它是你的交通工具。它是超自然的交通工具，而且只有最高統治者才能夠擁有。不像今天所有人都可以佩戴龍形飾品。地面上是這樣，地下是什麼樣呢？它類比的就是畫面上這個真正的白玉。大家一開始就看了白玉雕的熊尊了，這兒又來一個。這個沒有運到臺北去，因為它埋在十三陵的下邊，沒挖走，咱們現在挖出來了。明代皇帝所謂的金托兒玉珏杯，中國人所說的金玉良緣，就是把你認為最尊貴的兩種物質組合在上面，鑲了紅寶石、藍寶石之類的，只有皇帝才能擁有。一看上面的紋飾，二龍戲珠，二龍升天。而且這個杯和我們剛才

說的承露盤有著隱喻的關係，不是平時喝茶用的。

關於漢白玉的這個神話，一開始提到了兩個關鍵字：物的敘事，圖的敘事。這是我們主要講的兩個敘事。就是以故宮作為一個文化符號，作為文化文本的呈現，探究它是怎麼敘事的。實際上這是一個解讀的技巧問題。漢白玉就是乾清宮門前的九條龍，是用一整塊漢白玉雕出來的，號稱是整個故宮最大的一塊漢白玉。它是世界之最，去照相的人無數。漢白玉是取法於白玉的。而白玉是楷模，漢白玉是攀龍附鳳，或者我們把它叫作白玉的降級版。在古代，因為白玉太稀有，即使是萬人之上的皇帝也用不起大量的白玉，只好用像白玉的石頭，給它起名叫漢白玉。所以從物的敘事的角度來說，就是要找出它的歷史緣由。在年代上，可以上溯八千年。從世界上的幾大文明中觀察，基本上都是崇尚黃金的。但是中國人在知道黃金珍貴之前大約四千年，都是崇拜玉的。也就是說，黃金進入中國有四千年歷史，進入中原有三千年歷史，而玉在中國有八千年歷史。所以我把漢白玉這個符號解讀出了三個不同的年代。第一是玉教神話八千年。什麼是玉教呢？就是這個宗教只信一種東西。用宗教學來說就叫拜物教。馬克思稱之為拜金主義。把一種東西認為是最值得追求的、最榮耀的東西，這就是拜物教。中國人在不知道黃金以前，也拜一種物質，就是我們所說的玉。玉文化源遠流長，玉的歷史有八千多年。研究者在內蒙古發現了一種文化，叫興隆窪文化。最早的玉禮器出土，例如耳玨、玉璜都在這個文化中被發現，然後順著這條線索傳遍了中國。

賈寶玉、林黛玉的名字中為什麼有玉？曹雪芹一開始就將《紅樓夢》命名為《石頭記》。玉就是一種美麗而通透的石頭。人們用得最多的是青玉，青玉和天是一個顏色。它為什麼被崇拜，因為它是天的

顏色。神都住在天上，所以玉成了神賜給人的法寶。歷史上有完璧歸趙的故事，卞和獻玉是楚文化中的故事。完璧歸趙的故事講的是秦昭王拿十五座城池加上他的人民換人家手上巴掌大一塊玉璧。這要是從今天的經濟學的角度來看，會認為他是瘋了才會這麼幹。那是今天的人們不了解玉教的作用，因為當時人們認為玉代表天、天神。有了它，不要說是個城池，就是一百個城池也不在話下。所以今天我們講核心價值，就從華表的用料開始。明明是石頭，卻美其名曰白玉。這種材料在漢代的宮廷中就開始使用了。它一直就叫漢白玉，它有一個文化認同在裡面。玉教文化已經產生八千年了，白玉文化只有三千年。在過去，二十年前，這個說法是沒有的。因為當時人們不知道玉教文化有多少年。但是你只要打開歷史書，看看文學中的成語。例如白璧無瑕，它形容一個東西很完美。就是一塊玉連一個斑點都不能有，有了的話就是瑕疵，也就是不完美了。如果課後，你們再溫習一下中學課文裡的《鴻門宴》，注意一下劉邦靠什麼把自己的人頭買回去了。鴻門宴就是設計好了的，取劉邦人頭的。本來是十拿九穩的事，但是劉邦逃走了，而且項羽不追他。原因在哪裡？一般人不看這個點。中學老師也不重點講這個地方。這就是我講的中國文化的達·芬奇密碼。課文中亞父上來就把玉擊碎了並說：「與項王爭天下者必此人也。」結果項羽就是不動，沒有去追他。為什麼？因為劉邦準備了兩個玉璧，象徵天子權力。潛臺詞就在玉教後面。因為玉教文化太深遠，它從八千年前開始發生。這種文化，只有在今天才能判斷。北方在興隆窪，南方在杭州、太湖、南京這一帶，這兩種文化都是玉文化，墓葬裡邊大部分是玉器，叫禮器，禮天敬神的玉器，一百件禮器、三百件禮器的墓葬都有，時間全在五千年以前，這就是我講的

「大傳統」。以前學歷史跟著有文字記載的歷史走，今天是跟著考古發現走。如今在湖北天門發現一種文化，有四千二百年的歷史，出土了一批玉禮器，叫石家河文化。你們可以在網上搜一搜，出土的有城池、有宗廟、有玉禮器。也就是在漢字、甲骨文還沒有的時候，華夏文明的曙光早已遍地生輝了。後來的夏商周只不過是接受、繼承、發揚了這些東西而已。我說的白玉崇拜歷史三千年完全是根據出土的西周的玉器來判斷的。歷朝歷代最珍貴的文物中都有玉器，最早是八千年前，一直到夏商周。但是商代以前出土的玉器中很少見到白玉，只是鳳毛麟角而已，白玉還沒有被推崇出來。物以稀為貴，白玉確實少。在沒有白玉的情況下，青玉象徵天神。地方玉料都是就地取材的。白玉來自祁連山、崑崙山等。這樣一來就和我們剛才說的崑崙山是中國人認為的萬山之祖不謀而合。它和政權、最高統治中心、最高統治者是息息相通的。白玉這種物質材料，從西周就開始批量生產。漢武帝派張騫把這條路開通了，叫絲綢之路。這個命名是德國地質學家費迪南・馮・李希霍芬提出的。他於一八七七年到中國來考察，發現絲綢是從這兒過去的。漢武帝距今兩千多年，這條路運送白玉、青玉，運送新疆和田玉的歷史比運送絲綢的歷史長一倍以上。對於中華文化核心價值來說，絲綢重要不重要？不能說不重要，但是它一定有個排序。古人雲：「化干戈為玉帛。」帛，就是絲綢。重要的不是絲綢有經濟價值，而是絲綢是從蠶嘴裡吐出來的。蠶是一種生物，所以絲綢和玉都代表什麼？通神、通靈，永生不死。這都是神話。但是玉一定要排在絲綢的前面。所以我們看到的這條路應該叫玉石之路。玉石之路帶來的是新疆特產的、高等級的，叫作透閃石的玉料。它的最大特徵就是加工以後，表面有一層好像是油脂的光澤。搞收藏的就知

道了，玉就跟收藏的瓷器一樣，發著鋥亮的光的就不行，那叫賊光。最好的光是內斂的。有一種從崑崙山下面的河裡采的鵝卵狀的玉石，那是上等的，叫作籽料。這種料就有一種內斂的、油膩膩的、溫潤的特徵。後來儒家講了一種君子的理想，叫君子溫潤如玉，這裡指的就是和田玉。這種東西是從視覺、美學特徵上來講的。所以不了解中國人喜歡哪一種石頭，就不會理解君子、仁義禮智信為什麼全和玉有關了。

　　白玉崇拜三千年的根據是西周時期出土的玉器中批量生產的白玉，而且是高等級墓葬的玉。一般的玉老百姓家是沒有的。中國人說「寧為玉碎不為瓦全」，在你看來是一種修辭，在我看來就是玉教的教義。教義就是講什麼東西最高貴，什麼東西可以為之付出一切。陝西有一個晉國墓地，河南三門峽有一個虢國墓地，這些都是西周的諸侯國的墓地，從裡面出土了批量的白玉。一個諸侯王，從頭到腳，身上大概有幾百件玉器串成的玉組配，中間用紅瑪瑙珠、綠棕石串起來。全部是玉，這種情況，在過去看來是富有。現在看起來他不僅是富有，這也是王權的象徵。人們在三門峽博物館就地建了一個虢國墓博物館，非常壯觀，裡面是由白玉唱主角的。從此以後到清朝末期，皇宮裡最好的玉全是白的。這是一個海選的過程。原來各地都有玉，相傳大禹建立夏朝的時候，各地都把自己的珍寶拿來。有一個說法叫：獻玉帛者，萬國。就是各地方都出玉，但是等級相差非常遠。今天中國玉的主產地在遼寧的一個縣，叫岫岩縣。它整座山都產玉。現在玉只認新疆的和田玉。誰先篩選的？中國歷朝歷代的統治者，包括秦始皇、漢武帝、康熙、乾隆在內，不管你是哪一族的，只要進了皇宮，都是這套制度，就是這麼簡單。白玉崇拜歷史三千年，這是為什

麼華表取材明明是石頭，卻叫作白玉的原因。我們把這種現象叫降級版，反過來它是一種攀龍附鳳的現象。沒有那麼多珍貴的材料，但它是給皇帝造的。又因為皇帝都是取法於天，天上都叫什麼？「瓊樓玉宇」。所以走進故宮一看，白花花的，全是漢白玉。哪來的？上面清楚地寫著，北京的附近有一個縣，叫房山縣（今北京市房山區），它那邊的山出漢白玉，就地取材。在今天的人看起來，這是一件很容易的事，其實在當時也不容易。明清的時候，沒有火車、汽車，冬天的時候就在沿途潑水，潑水後結了冰，然後再把漢白玉拉到故宮的工地上，故宮就是這麼建造出來的。中國人不惜工本，為最高統治者修建一個奢華無比的殿堂。這塊漢白玉大石雕，長十六點七五米，重二百多噸。現在的卡車，一般有載重四噸、八噸的。再看看這個石頭在當時是怎麼運來的？確實很困難。漢白玉說完了，它所模仿的是真正的白玉。關於白玉，儒家的說法是「玉不琢，不成器」。這也是一般工藝界的說法，上面可以體現出刀工，顯示出手藝。按照道家的說法，琢了不好。不琢的叫「璞」，所以它讓你歸真，返回那種沒有雕琢的狀態。現在給你呈現的就是從崑崙山拿來的最上等的羊脂白玉的籽料，這就是「璞」的狀態。咱們不是講的「鑒寶」，但是這個認識一定要有，不然這個核心價值怎麼來的說不清楚。這外面的褐紅色的東西說不清楚，從礦物學的角度上來看，昆侖山上整個玉礦都叫透閃石。它經過地震、經過山崩，有一些劈里啪啦掉到山下了，順著河水被沖刷。經過億萬年的沖刷，它的稜角都沒有了。它的內部非常緊密，色彩非常純淨。外面加上一層，凡是金黃色皮的，裡邊是白的，一般都叫金包銀，這樣的價值最高。岫岩十塊錢一斤，這種上好的羊脂白玉是論克賣的，比今天的黃金貴得多，每克價格在一萬塊錢左

右。

　　為什麼白玉在中國文化中被抬到如此高的地位？原因就在於從西周的帝王到清末最後一個皇帝，白玉是歷代統治者追求的東西。所以哪怕你沒有完整地讀過《紅樓夢》，讀了開篇就知道，形容富貴榮華，誰能超得過賈府？小說上來就是「白玉為堂金作馬」，白玉代表中華文化中最高的價值等級。金子要排在白玉的後面。我說的玉石之路跟絲綢之路最大的區別就是絲綢之路在唐代以後中斷，它基本上是在漢到唐輸送一些絲綢。唐以後西域被占，宋代根本打不過。那時候根本談不上什麼絲綢之路。但是有一條路今天還在運輸，就是畫面上二〇一二年新疆的考古隊長拍的。河床底下的玉早已挖沒了，但是價值這麼高，論克賣，所有人都去找。於是就退而求其次，到海拔五千米以上的高山上去，尋找替代品，尋找白玉的玉料。這是實景，怎麼開採的、怎麼運輸的、什麼民族的，一看就明白。這是九死一生的事。這種現象在全世界範圍來看，只有在中國能看到。玉石之路還在運輸，主要是因為中國很多產業都靠文物收藏。安徽有蚌埠，江蘇有蘇州、揚州，這些都是玉雕大師所在的玉雕之鄉。廣州那邊叫四會，叫揭陽，這些地方是做翡翠的，主要原料來自緬甸。這些應該都可以說是玉石之路派生的產業。河南的鎮平，遼寧的岫岩，這些地方是做瑪瑙的。奧運會獎牌有金、銀、銅牌，那是西方人的價值排序。如果你成了冠軍，就發給你金牌。中國人早在兩年前就開始在上面加東西了。對，就是玉。那邊是人家的神聖，這邊是我們的神聖。在我這兒開運動會，我是東道主。我得把我自己的價值觀加進去。剛開始設計的時候是想打算把和田玉鑲上一點兒。後來一算，根本沒辦法上。那一克就是一萬元，金牌一克也就二三百元。這金牌的價值遠遠比不上

玉的。所以退而求其次，用了一種非常像和田玉的，出自青海的崑崙玉，或者叫祁連山的玉。不要說外國人了，就是中國人不仔細看也看不出來。外表一樣，但是價值差得很遠。用青海的白玉鑲到金牌上，用青白玉鑲到銀牌上，銅牌上是青玉。三種顏色三種價值，就是這麼排序的。這是來自我們白玉崇拜歷史三千年的文化。從古到今，這條路是我們華夏民族的生命線。所以到故宮，不要只看建築，看豪華的東西，一定要看歷代統治者關注的是什麼東西。羅浮宮不用說了，裡面都是法國皇帝珍藏的珍寶，還有從殖民地、從埃及、從世界各地弄來的珍寶。而在故宮裡，主要的珍寶都是皇帝收藏的，還有從西洋進貢的、交換的。那這一件應該是最大的一塊玉雕。總重（也就是下料的時候的重量）五千八百公斤。剛才不是說漢白玉是模仿玉的嗎？漢白玉用來做建築，皇宮裡邊，皇帝整天把著玩兒的、跟他生活起居在一起的都是這些玉石的珍寶。乾隆的時候，軍隊報告發現了一塊巨大的白玉料。沒辦法運輸，因為它太大了。有人建議，是不是可以把它炸碎，一塊一塊運回來。乾隆說不行，一定要把它完整地運回來。如果要你們去承擔這個任務，你怎麼辦？五千八百公斤，沒有公路、沒有鐵路，連馬車也沒有。後來終於運到故宮，一共運了三年，累死了不知道多少匹馬。為什麼我說它是華夏的核心價值呢？因為在這個文化下做出的行為，你放在世界上其他任何一個地方都覺得不可理解。但是中國人不惜一切，就因為只有新疆出這種好玉。其他的不能用。這一件應該不是純白的，是青白的，發灰色。因為它太大了，主要的辦法是冬天在地上潑水，再用三百匹馬去拉。從新疆到北京花了三年。運來了以後，皇帝身邊有造辦處，就是最高級的工匠，為皇帝服務的，看到料這麼大，不敢雕。最後運到揚州去，玉雕大師都在那

兒。集天下最好的工匠，雕好了以後再運回來。那邊有大運河可以運了。但是從新疆就不好運。一共耗時五年，做成了。乾隆皇帝親自給它起一個名字叫大禹治水。篩子在今天古玩店裡也有，是中國文化裡特有的一種文玩。古往今來，可以說是世界上最大的篩子，來自新疆，在紫禁城樂勝堂裡。樂勝堂就是乾隆皇帝休息的地方。這位皇帝在位六十年，是在紫禁城待的時間最長的統治者之一。而且從小儒雅，詩書禮樂無所不通，光題玉的詩就有幾個本子。這全是儒家文化教育出來的。一個滿族人為什麼要認同大禹治水呢？這就是我說的文化認同。因為夏朝的奠基人是大禹，大禹的兒子啟是夏朝第一任皇帝。他的老子平定天下，治理了洪水。九州平定，然後才有夏朝。所以乾隆的這一片苦心能看出來，非常明確。中國人說什麼事情千辛萬苦辦成了，一定要說是「玉成此事」。這就是我們能在紫禁城中見證的最大一件「玉成之事」。打開《說文解字》，第六個部首是「玉」，第五個部首是「王」。前面的部首都是為玉做準備的。這就是我們的價值，我們的語言文字。「玉」的部首下面列了很多，一共124個字。許慎是東漢時期的人，一千多年前的人竟然對玉有124個字的記載。一個文化最關注的點全在這兒。不是從秦皇漢武開始的，而是從新石器時代開始的。這就是我們強調的什麼叫大傳統。以前我們的知識裡面沒有，今天需要重新學習。雖然講的是故宮，是小傳統的東西，但它背後的價值來自大傳統。一個文明，它有一個母親，一般用大河來形容。咱們這兒是長江流域，但夏商周都在黃河流域。所以他們只認黃河是最大的河。所以古漢語中只有一個「河」字，不用加「黃」，指黃河。咱們這兒叫什麼？「江」。後來才有「黃河」、「長江」。一個文明的母親河，按照中國人的意識，一定要「飲水思源」，那麼它

的源在哪兒？古代沒有科考隊、沒有儀器，大部分人都是道塗說的，只知道來自西邊。那按照邏輯的推算，最大的水一定來自最高的山，山上有白皚皚的雪融化，這就是水源。古人不知道喜馬拉雅山，他們心中只有什麼？祁連山再過去，是天山、崑崙山。祁連山在蒙古語裡的意思也是天山，就是最高的山，白雪皚皚。因為這個山距離天最近，水源最充足。所以中國有一個說法叫「河出崑崙，玉出崑岡」，「玉出崑岡」是《千字文》中的。《千字文》就是給小孩啟蒙的時候，像《三字經》一樣念的。「崑岡」就是崑崙山。所以說崑崙山的神聖性非常高，剛才我也說了，中國的風水師把它看成萬山之祖，原因就是它是兩個聖物的發源地。它應該是中國統治者心中最神聖的一座山。這就是中華自然地理造成的特有文化觀念。我們特有的文化觀念，既然把崑崙山看成是統治者心目中的聖山，有沒有人到那兒去朝聖呢？古代的交通不太方便，但是距今約三千年前就有一位最高統治者到了那裡。他的名字叫姬滿，姬滿是西周的天子，簡稱穆天子。有一部文學作品叫《穆天子傳》，講的就是穆天子不老老實實待在陝西關中，卻駕著他的八駿，先到黃河，然後順著黃河再向西走，來到崑崙山朝見西王母。中國有三大女神。一個是女媧，女媧煉石補天。煉的是什麼石？《紅樓夢》一開始告訴你，是五色之石。天是有色的，代表神的，所以不能用一般的石頭來補。這是女媧和玉石的關係。西王母還用問嗎？西王母所在的地方叫玉山，那個水池叫瑤池。一聽這些名字全是玉。所以西王母完全就是崑崙美玉的人格化、女性化，神就是這麼來的。周穆王到了崑崙山，拜會了西王母，兩個人還唱和，有詩歌留下來。過去我們把這個當小說來講。這太可惜了。因為什麼？沒有背景知識，不知道是虛構的還是想像的，跟大觀園一

樣。現在看來，這不是虛構的。主線是西周大量的白玉出現，最高統治者去了。這樣一看，將昆侖山和中原的統治政權兩者之間畫一條交通線，得長達幾千公里。這是世界文明史上的奇觀。所以打開中國地圖，從西到東，將近五千公里，沒人給你解釋為什麼會這樣。現在看明白了，最高統治者要的東西只有那裡有。所以漢武帝為什麼要通西域？後來的歷代統治者為什麼要掌握河西走廊？現在來看逐漸清晰了。現在看明清時期的歷史，這條路上最忙著運的東西一個是馬樁，一個是玉料。像李賀的《老夫採玉歌》，《夢溪筆談》裡講的趁著月夜在月光下摸玉，都是真切地反映玉石之路的繁忙，是我們這個時代特有的價值的來源。這樣我們把玉教八千年的文化分成兩段，就是以四千年為界。四千年前是玉石的神話信仰從局部逐漸傳播，幾乎覆蓋了全中國。在四千年以後，因為在新疆發現了和田玉，於是開始源源不斷地輸送中原。

回到紫禁城的內城套外城的建築結構。我們要強調一下大傳統，它的原型。一個城四四方方的，中間有一個皇城，這樣一個結構。我們認為是明朝皇帝在一四二〇年，通過江西的風水師廖均卿設計出來的。其實現在看來，這個知識又過時了。二〇一三年，入選考古十大發現的，就是在黃河拐彎的河套地區發現的一個古城，完全是用石頭圍起來的。有外城，有內城。中間那個高處，當地老鄉就叫皇城臺。比湖北的石家河大一倍以上，號稱有四百萬平方米，是中國最大的史前石城，距今四千三百年。這不稀罕，建城的目的是守護，是防禦。因為戰爭爭奪利益，石器時代的瓶頸結束，進入了文明的門檻，一定要有暴力出現，有資源競爭出現。這個地方出現了這麼大一個城，最讓人震驚的不是這些石頭、建材，而是城裡邊穿插著一些玉器。就像

曹雪芹說的「白玉為堂」，那是清代的小說。而我們在四千多年前的建城的縫隙裡發現了什麼？玉禮器穿插在裡面。照片上就是這座城的實景。你看完故宮在看這個，就會體會到小傳統的一切都會體現在大傳統裡邊，超出你的想像，連漢字、夏朝還沒有的時候，就出現了這些。問題是這座城的位置太特殊了。新中國成立六十多年來，我們的考古工作者用了大量的人力、物力要找到夏商的都城。商代的解決了，在安陽，已經入選了世界文化遺產。那夏朝呢？商朝距今有三千多年歷史，我們說中華文化上下五千年。夏朝的都城去哪找？一定要在夏商周一直所在的中原找，主要是河南偃師二里頭，但是現在還沒有找到相當於四千年或者四千年以上的、有皇城規模的城。小一些的有，像一些縣一級的有，有中央皇權跡象的還沒找到。結果這個地方出人意料，它在內蒙古河套地區，背後就是毛烏素沙漠。現在只知道這個地方，建構這麼大一個政權的人，是在母親河黃河的孕育下，生長出來的。這張圖是航拍的，在古城的東城一角，也是四個門。東城門的地勢最高，可以俯瞰整個城，一望無垠，腳下是朱偉河，直接通向黃河。黃河起到什麼作用？起物資運輸的作用，是漕運。四千年前，一匹馬也沒有，馬是商代才引進的，四千年前，人要運輸，只能肩扛手提。沒有馬也沒有車，一定是和黃河的走向有關的。這個古老的城池橫空出世，讓我們提出了這個玉石之路的真正走向。不是沿著甘肅、天水、寶雞，像今天的隴海鐵路，而是沿著黃河，九九八十一道彎，和黃河的支流一起在行進。這是運送玉石資源的。也就是在這個城牆中，發現了大批玉器。大概推算起來，有幾千件已經流失了。因為我們主要的考古中心在河南、陝西，而對河套地區不受重視。大部分玉器被老鄉們販賣到海外的博物館去了。海外的博物館估計有

四千件左右。但是在當地及內蒙古周圍都沒有玉礦、玉料。你要問從哪來的，一定是從甘肅、青海、新疆那個方向來的。這樣一個現象使我們想到了一個關於夏朝的傳說，夏朝的最後一位皇帝夏桀，他因為太窮奢極欲所以被滅了國。他修建了瑤臺、玉門，所有的建築都跟玉有關係。這是後人栽贓夏桀還是真有這麼一回事？但是今天這個城池有四千三百年，比所謂夏桀還早好幾百年。也就是古人修建建築時要用玉器在中間，原因是什麼？只要你熟讀《紅樓夢》，你就知道玉對賈寶玉來說有多重要。它上邊還有字，一共有三個功能。第一辟邪。什麼叫辟邪？為什麼要帶個鐲子？其實玉都有辟邪的作用。人活在一個超自然的世界，魑魅魍魎，陰魂不散，怎麼辦？被攻擊，病魔纏身怎麼辦？用玉來保護。所以賈寶玉用玉護身的原因就是和四千三百年前建造城牆用玉器的作用是一樣的。它是一種精神上的武器。城牆實際上是防物理上的敵人，你金戈鐵馬，我用長矛擋住你。但是魑魅魍魎來了怎麼辦？看不見，摸不著。玉是通神的，最高的法力在這裡，它是中國人的魔法石。玉，一能辟邪，二能治病，三能預知未來。也就是說希臘人在阿拉伯神廟中能解決的事，在中國就全在一塊玉上了。為什麼我稱之為玉教呢？不是文學的，不是憑空想像的。它使歷代統治者堅信它有這個功能。這就是我們重新解讀關於玉的所有文學作品後發現的，玉的文學底蘊太深厚了，我們除了用大傳統來強調它，實在沒有辦法讓大家理解它的重要性。我剛才講了，要通過故宮的這些建築來分析的形象很簡單。核心價值就涉及兩個字，什麼是「中」，什麼是「國」。理解了這兩個字就可以了，核心價值就明白了。「國」的繁體字，一看就明白了。一個外城套著一個內城，然後有一件武器在這守衛著。這就是我們的象形漢字。表音文字沒這個特

點。拼音文字找不出它的原形，而中國的漢字，只要把字寫出來，就知道它什麼意思。「國」是什麼意思？拿著一個武器守衛著一方，守衛著城池、建築。這個「國」的繁體字，稍微講細一點，在甲骨文中沒有外面這個城，只寫成「或」字。就是一個「戈」守衛著一方城池，城池裡面是最珍貴的東西。在西周金文中的寫法，加上了外邊的方框，所以變成外城套內城。從新石器到紫禁城都是這樣的結構。我們的「國」來源於什麼呢？它來源於兩種東西，一是城牆，用來圍起固定的空間。二是中國人特有的武器──「戈」。我們小時候寫作文，不知道用了多少「反戈一擊」、「金戈鐵馬」之類的詞。中國人只要講到戰爭，就會涉及「戈」。「戰」、「伐」字中都有「戈」，甚至「我」字中也有「戈」。中國的文字太神奇了。這個文字對我們的文化來說太重要了。講到國家的時候是「戈」，講到個體的時候也是「戈」。人是持著武器的戰士，保家衛國。當我們看到這個東西，兩個元素，一個城池，一個「戈」。

這兩個元素什麼時候在中國大地上同時出現了？就是咱們說的中華民族的起源，就是這座四千三百年前的城。它有城牆還有玉戈，不是鐵錚錚要殺人的，而是精神武器。住到這個城池裡的人是非常安心的。它除了有固若金湯的高牆壁壘，還有代表神靈力量的超自然為你把守。很可惜這個城池在距今四千年的時候消亡了。而且裡面的人不知道到哪去了，再以後就是夏商周了。所以我們說這個發現既出乎我們的意料，又讓我們找到了國的原型。什麼叫「國」，它為什麼要有這兩種元素？在今天的簡體字中，這裡面的「戈」也沒了。內城也沒有了，只剩下外城和玉。這是一九四九年以後簡化的結果嗎？其實不然，這是古代的俗字。你回去看看太平天國寫的「國」是什麼樣的。

就是守護「玉」，或者是守護「王」。這就是中國人的國的概念。如果要問中國人的「王」跟中國人的「玉」怎麼就差那麼一點，道理太簡單了，中國的墓葬一打開，只要是統治者，一定是有玉禮器在。只要看一下身上佩戴的是什麼玉，就知道這個人的身分了。因為玉石分等級。今天在陝西西安的歷史博物館正在展出大唐遺寶，這在以前是從來沒有發現過的。兩個大窖裡面全是玉器。然後全部展出金銀玉器。大家看螢幕上，這一塊是白玉帶板，這個只有天子能用。這就說明了不同等級的人用不同的玉料，就跟奧運會上的獎牌是一樣的。當你看到這個以後，會明白這個制度是從大傳統來的。區分身分的話，主要看誰掌握著玉戈。隨後有了銅戈、鐵戈。這就是我們要找的大傳統的原型。

以上華表的五個神話主題講了第一個，就是漢白玉為什麼叫玉的問題。實際上帶出了一個文化八千年的傳統，以及帶出了「中國」的「中」和「國」的來源與玉器的關係。

第二個主題和我們說的「龍的傳人」息息相關。龍的傳人是現代人構建出來的新神話，在古代沒有這個說法。因為龍代表交通工具，是超自然的。如果你不相信，故宮太和殿有一個對聯，皇帝坐的地方叫龍床、龍椅，那上面雕的都是龍。一般人認為這就是皇帝，其實不是的。那後面的對聯告訴你「馳騁六龍以馭天」，這裡邊的主語就是天子。他靠什麼上天？中國的統治者跟天的連繫全是靠著這些超自然的交通工具，龍、鳳、麒麟、蛇。它們的身分都一樣。所以「龍的傳人」這一說法不對，龍應該是交通工具。龍是被人騎的。這種說法不是故宮太和殿的對聯給出來的，是從屈原那裡發現的。屈原有個《天問》，問的就是一些楚國壁畫上的一些古老的神話問題。誰駕馭龍，

誰才是真正的主角。我們在河南洛陽一個漢畫像館上看到七個動物，一共三類。龍一類，鳳一類，還有神熊一類。龍是兩個，穿在玉璧中間。鳳是四個，四個方向，在四個角上。然後在二龍穿璧、四鳳恭維的中央，是什麼？仔細看看。不要聯想到動物園裡的四足動物，不是的，它是兩足的。只能說是神熊，也就是天空中的尊神。你要理解這樣一個畫像，就要理解兩條龍穿一個玉璧代表天的象徵。何以見得呢？咱們不是講研究中國文化要有四重證據嗎？列舉的這麼多圖像都是第四重證據。第二層證據是什麼來著，還記得嗎？傳世的文獻。地下新發現的文字叫第二重證據。這些非常珍貴，但古人沒能看到，今天的人才能看到。就在巫山縣發現一個漢代的銅盤，它是貼在棺材板上的，其實就是模仿玉璧的形狀。中央是個圓的，有一個孔，這還是個玉璧。玉璧下邊有個人，身上好像長個羽翼，在升天。所以這兩個門雀象徵什麼？天堂向人打開，人死以後，埋在棺材，埋在墓裡。這是有關人來生去向的問題。古人堅信，生命到此不會結束，一定有更長遠的歷程在後面，所以要用這些東西為逝者送行。在天堂的門雀頂端是一隻朱雀，長著翅膀，在升天。在玉璧和朱雀之間有兩個隸體的漢字，這兩個字和湖北有個地方的名字一模一樣——天門。總之這兩個字又告訴我們，凡是出現玉璧的地方，代表「天圓地方」，圓天上面開了一個洞。那是死者的升天之門。它已經告訴人們二龍穿璧，龍就是交通工具，帶著人升入天國。如果穿過璧孔裡邊，就是進入天門。所以天門的解釋，讓我們看懂了一些以前不明白的現象，比如說屈原一上來就說要駕著螭龍螭虎滿天飛。漢代的圖像敘事非常形象，一條龍在生龍活虎往前奔，後邊一個人披頭散髮，踩著雲彩，他就是馭龍者。前面是龍，後面是虎，楚國的墓葬出土得非常多。神話故事

中的想像，進博物館裡一看全是這一套，升天的想像。它不是古人的裝飾、工藝，古人沒有這些。古人只虔誠地相信天人合一，死後的去向。洛陽又發現一個墓葬的頂端是模擬天穹的。一共有四個玉璧。然後有兩個蛇從玉璧中鑽出來。這邊有一個朱雀，那邊還有一個神人，手拿著蛇的身體。打開《山海經》，一講到操蛇之神，我們無法想像具體的情景。這一看，就看明白了。都講的是升天，進入天門。那怎麼玉璧有四塊呢？《天問》中告訴你崑崙山頂上的天堂，天堂四端都有門。為什麼要有鳳鳥呢？因為「風」字跟「鳳」字，在甲骨文中是通假字。就是說，古人認為，只要風一從西邊刮過來，就是那邊有一個大鳥起飛了，是它的翅膀扇過來。為什麼說是四方風呢？為什麼要畫八卦呢？四方再加上東南西北，八方就出來了。中國人對四方位的觀察，都認為與四方鳳鳥有關。那四方的天門、二蛇穿璧，中國人叫什麼？龍蛇不分，就像荀子所說的騰蛇無足而飛。龍的主體就是蛇的身體，只不過是加上獸的頭，或者是加上鹿的角。看兩條蛇穿璧就明白了，龍蛇它主要是什麼？能夠變形，蛇一能夠蛻皮，二能夠冬眠。現在我們要解答的就是二龍升天或者說二蛇穿璧，應該有六千多年歷史。因為在內蒙古、遼寧，洪山文化的墓葬裡，什麼棺材、青銅器，一概沒有。從頭到腳只有玉器，距今大約五千五百年。洪山文化距今五六千年的時間，取其中數就是五千五。北方的氣候比較乾燥，墓主人的整個屍骨還保存著，除了頭骨碎了一點。頭低下枕著一個跟這個杯子一樣，像玉的一個東西。我們今天連名字也叫不上來。沒有底，是空的。幹什麼用的？想一想，在玉中切磋琢磨，把玉掏空，弄得像個煙囪一樣，然後給主人送行。左胸一隻，右胸一隻，兩隻玉龍。也就是龍能升天的神話，我們通過圖像敘事、物的敘事，沒有文字，這

個一看就明白了。就是人死以後，希望他能永生天國。玉為什麼能跟崑崙山、西王母、不死藥連繫在一起？有一個詞語叫「錦衣玉食」，來源就在這兒。大傳統的新知識告訴我們故宮這個幾百年的東西。我們要看的是幾千年的城池，把時間乘以它的十倍，再來看它的來源。這就是左胸、右胸兩條龍，其中的一條，拿毛刷子刷了一刷，現在放在遼寧省的博物館展出。距今五千多年了，就跟剛出場時一樣，鋥亮鋥亮的。這也就是表達了為什麼中華的先民在宇宙萬物中找到這個東西，讓它象徵神、象徵生命的永生。它確實能經得住時間的打磨。要是木的、竹的、紙的，早已經灰飛煙滅了。而玉就像新的，連動都沒動過，這就是玉的價值。如今我們到中國的一些寺廟去參觀，會看到二龍戲珠在迎接我們。沒有人告訴你這代表什麼，都知道這是代表神聖的。寺廟是清淨之地，是通神的地方。這二龍戲珠的原型是從哪來的？這又是一個大約距今六千年的二龍一身的玉璜。玉璜的「璜」去掉「王」字旁就成了黃帝的「黃」了。玉璜代表什麼呢？一個彎的用玉雕成的橋型。實際上它是模擬彩虹的。在天和地之間如果有一條天然的溝通橋樑的話，那就是彩虹了。所以古人很想用一個人為的辦法建造一個彩虹橋來溝通天。就用玉，再雕上雙龍頭。因為挖出了這個東西，說明了當時的人們信仰這個。從後來的漢字小傳統中可以看出來。甲骨文中的彩虹的「虹」字跟這個的形狀一模一樣。象形字跟小孩的素描一樣可以看出含義。這個字就像一個身體兩個龍。它們頭朝下，張著大嘴在喝水。下綿綿細雨不會有彩虹，一定是雷電交加彩虹才會出來。就像天上的水瞬間全倒在地面上了。天神渴了，就化作雙頭龍到地面上喝水。這就是古人對彩虹這種自然現象的神話解讀，寫成漢字就是我們甲骨文中的「虹」字。對這個文字的解讀是吉林大學

的古文字專家，這個說法在今天基本上已經得到公認。我們找到了雙頭龍的原型，然後再對比彩虹的「虹」字。就會明白古人生活的世界跟我們生活的這個唯物的世界是截然不同的。古人一定會發揮對天的想像，天上的東西比人間的精彩。所以在賈寶玉那裡就有了太虛幻境，宋江那裡就有了九天玄女。在中國古代的小說裡，男主人公背後往往有超自然的東西。這就是中國。有人說中國沒有宗教、沒有信仰，那就是完全不懂中國。因為中國的信仰太深厚了。如果要說明中國人對通天的想像，在這個世界上，最能生動具體地來說明的還是湖北荊州出土的高等級的玉器。在荊州的熊家塚挖到了一個墓，因為楚王被稱作「熊某」，所以有人說那裡是楚王族的墓地。在荊州博物館展出的這一件，我給它命名為雙龍雙鳳拱璧載人升天。它兩邊兩條龍頭頂上一個玉璧代表著升上天的目標，天門打開了，腳底下一個人在中間。中國人有句古語叫「龍生龍，鳳生鳳」，但是這條龍它背上生出了鳳。龍也能生出鳳，這就是楚文化的想像。這一塊玉是和田玉，它的本色是純白色。經過兩千年，它的顏色有些改變。這個級別的玉是戰國時期最高等級的玉料，做工也是最高級的，其他地方有沒有還不知道，目前只能在湖北看到。這種將龍鳳作為交通工具的想像沒有比這個圖像敘事更明確的了。如果是一個中等貴族想死後也升天，沒有白玉，但也會用玉，用質地差一點的玉。這是安徽出土的戰國墓，這個玉璜已經沒有龍頭了，但是一個彎的橋型還在。玉璧沒有那麼大，就用琉璃替代。琉璃是西周時從西亞、中亞傳過來的。琉璃說白了就是玻璃，古代有顏色的玻璃就叫琉璃。古代琉璃是替代玉的一種材料。沒有能力使用和田玉的人退而求其次選擇了這種材料來作為升天的希冀。關於二龍戲珠，皇帝最高權力的象徵就是這頂紗帽。實際

上它是純金的，它上面的主圖像就是二龍戲珠。這是從十三陵明神宗的墓裡挖出來的。今天進故宮只要有門票就行，在一九一一年以前是進不去的。在明朝更進不去，身上要有這塊象牙牌才能進去，這是錦衣衛使用的。象牙牌的紋飾同樣是二龍戲珠。這個牙雕是在大明萬曆珍寶展上展示的。和最高統治者一樣，老百姓也有同樣的價值觀。例如，在北方老闆姓過年的時候用面蒸出來的叫禮饃。它是在祭祀祖宗的時候，春節送禮的時候用的。其中有很多花樣，鳳凰牡丹等。這就是我們中國化的達‧芬奇密碼。

　　統治者怎麼做，底下的人民就會怎麼效仿。你用黃金白玉，我用白麵。這兩個神話母題講完，下面的就一串而過了。承露盤很重要，華表的紋飾講了那麼多，主要講的還是華表頂端的這個盤子。它所蘊含的神話有兩千多年的歷史，跟神龍、剛才講的神話差了很遠。它比起明清的歷史來說還要長幾倍，比很多國家的歷史要長十倍以上，但是今天的人們基本上已將其忘記了。承露盤來自漢武帝時的神話想像。現在看到的這一件是在廣州市南越王墓出土的銅牌玉杯。這是幹什麼用的呢？底下有文字說明。剛才講到崑崙聖山是朝聖的地方。承露盤盛的是天神恩賜給人間的能夠長生的瓊漿玉液。雖然它是一個虛擬的器物，但想像是真實的。漢武帝求仙藥用的容器，在今天看來是具有經濟價值的東西，在古人那裡是和永生不死有連繫的。秦始皇在各地尋找永生不死藥方，漢武帝也是如此，在長安建了一個宮殿，叫建章宮。裡面有一個神明臺，臺上有個銅人，銅人手裡托著銅盤玉杯，承露盤就是從這兒來的。

　　也就是說，華表是明代建築的裝飾部件。它的原型是漢武帝的銅柱承露盤，它的名字都沒變。張衡有文章講天上的露喝了可以永生不

死。另有《漢書》的注記載，在有煉金術之前，人們認為吃了玉可以永生，之後認為吃了金可以永生。後來人們開始煉丹。南越王是西漢的諸侯，所以他的玉不是最高級的。溫潤的玉才是上等的。大螢幕上，這一件是只有中國才有的，世界上最好的玉杯。它出自阿房宮遺址，應該屬於秦始皇。陝西歷史博物館、西安博物院內有大量的文物。因為玉器太多，專門給玉器開了一個玉器館，而玉器館的鎮館之寶就是這個玉杯。這個玉杯是盛仙露用的，只有帝王才能擁有。仔細觀察上面的紋路、紋飾，可以發現它的玉料是最好的，加工的工藝是最高等級的，這算得上是最好的國寶了。如果到西安旅行，一定要去小雁塔看這件寶物。玉璧能代表死後升天的目的，所以統治者們更加重視死後漫長的升天以後的幸福。至於怎麼保護，在古代，帝王給諸侯王配有金縷玉衣、銀縷玉衣。它們是用金絲或銀絲串上玉做成的，人去世後就穿上。這是只有在中國才有的現象。這並不是炫富的行為。一件玉衣有兩千個玉片，四角鑽上孔，用金線或銀線把它們縫起來。這樣的造型是類比水生動物身上的鱗片。至於為什麼要模擬水生動物，是因為古代認為地底下是有黃泉的，而升天的話要先下地，這樣就需要會水。所以需要類比蛇或者魚，而且龍身上也是有鱗片的。所以就用玉衣來保障能通過大水升到天上去。

圖片上的這十四塊玉璧是放在金縷玉衣和屍體之間的。這是一個諸侯王級別的墓葬。雖然不是金絲串的線，但已經非常完整，算是規格比較高的。用十四塊玉璧來保護諸侯升天，這是很高的級別了。在內地，完整的漢代金縷玉衣只有四套，分別在徐州、廣州和河北，其中，河北有兩套。圖上的是廣州的這套。當我們看到這些玉教信仰驅動的中國人的行為，特別是統治者的行為時，對於以前文學文本中的

一些說法，我們摸不著頭腦的記載，現在再來看就會豁然開朗。例如，莊子生前聲稱自己要以天地為棺槨，以日月為璧璧，不要厚葬。我們知道楚國在戰國時期，諸侯以上級別的人在死後，墓葬裡棺材四周全是玉璧。而璧璧就是當時的頂級待遇。如果等級低的人則是在四周畫上彩色的玉璧，因為升天的願望是一樣的。所以古代文學作品中的構思都是有現實基礎的。

　　華表上的五個神話主題，其中的三個已經講完了。最後兩個，一個是四方和中央的關係。在華表頂端坐的叫「犼」，它是佛教的供物，是佛陀的三個坐騎之一。這個神話動物在中國藝術造型中出現應該是在唐宋以後一千多年，所以我們把這個神話放在第四位。這個外來的「犼」為什麼會放在天國中央？這其實是神熊。楚國二十五位楚王，原來都是姓李，但一旦登上了王座就會改為「熊某」。沒有人解釋過這是為什麼。「熊」是一個聖號，它來自黃帝有熊氏的圖騰崇拜。因為東亞大陸沒有獅子，所以神聖的動物不是老虎就是熊。根據圖像的證據來看，就應該是熊。四個鳳鳥代表天地四方，兩條龍代表自下而上升天。四方加上上下就是中國人說的六合。而第七個方位則是中央。現在的華表是四個獅子「恭維」著一個「犼」，一個外來的神。這是明清兩代融合外來文化的表現，也是中華的象徵。把「犼」換成「神熊」才是正宗的。為什麼這麼說？因為漢代以前的畫像上常常有既威嚴又神聖的熊的形象。在陝西挖出來的套罐，就叫「熊抱衣」。

　　之前我們講了第一重證據、第二重證據和第四重證據，而第三重證據雖然沒有實物紀錄，但尋常百姓在實踐著它。它是什麼呢？在華佗的五禽戲中有一戲名字就叫「熊戲」。「熊戲」就是仿生的辦法，

模仿熊的樣子把它的能量轉移到自己的身上，這是中國人的養生保健。在中華武術中，最高的境界是「鷹熊合練」，莊子也有語錄叫「熊經鳥申」。所有這些都有仿生學的原理。人們認為地球上力量最大的動物就是熊，而且它能夠冬眠。冬眠代表著死而復活。把「熊」字底下的點劃掉，就是我們找的第三重證據。雖然神熊在國徽上沒有了，在朝廷上沒有了，在故宮的裡邊有而宮外面沒有了，但是回到歷史深處，它的身影又向我們走來。這就不是動畫片裡的角色了。我所要講的是，四方恭維中央，而中央到底是誰？

世界上的整體可以分為有中央集權的和沒有中央集權的。有了四方才有了中央。在器物上看到四方和中央的關係，對於誰是尊神就一目了然了。除了剛才分析的圖，現在的畫面上是秦始皇的祖先秦獻公，他在甘肅有一個陵墓。墓裡有春秋時代的一個銅車，車上四角趴著四隻虎，車的上方有四隻神鳥望向四方。中央是一個車夫，而車夫的身後則端坐著一個神熊。這個傳統不是哪一個藝術家突發奇想的結果，這是一個延續的傳統。一直到東漢王朝結束，它才中斷。從此以後，神熊不再在藝術形象中出現了。

所謂第二重證據，也就是從地底下挖出來的文物。在楚國還出現了一本很神奇的書叫《容成氏》，它的主要內容是大禹治水建立了最高政權，各地的人們都來朝見他。為了區分各地的人民，大禹用旗子分給不同方向的民族。就像現今奧運會上不同的國家有不同的旗子來代表，大禹用了五方旗來分辨五方之民。南方的是蛇，北方的是鳥，東方的是日，西方的是月。故宮兩邊的日壇、月壇，就是這樣的。而大禹給自己的旗子是畫有熊的標誌的。所以第二重證據像鐵板上釘釘子一樣，說明了它是夏朝的國徽。雖然夏朝的都城遺址我們沒有找

到，但是用第二重證據，我們把國徽找到了。國徽上面是熊，而且傳說在大禹治水的過程中，他還化身為黃熊。大禹的父親叫鯀，在鯀治水失敗被殺後，屈原還寫下「化為黃熊」的文字。在看到了神熊在華夏楚文化中的至尊地位之後，終於能理解龍不是我們的圖騰、祖先。真正的圖騰、祖先應該是黃帝有熊氏。有一部暢銷小說叫《狼圖騰》，法國知名導演也來到中國，要拍這部片子。龍不是中國人的祖先，龍是由狼變成的。這本書前面講的是內蒙古的事，到後來就講到了龍的原型，裡面說是狼。在中華文化中是不會崇拜狼的，在古羅馬才會有，一隻母狼下邊有兩個小孩在喝奶，那是羅馬建國神話，他們是狼圖騰的文化，而我們這邊是沒有的。如果有的話一定是黃帝有熊氏，是華佗五禽戲中要模仿的動物。正如武術中模仿的鷹和熊，它們分別是天上和地上的王。

中國人的宗教行為，在南方叫「挑落」。「挑落」是戴著面具披著熊皮，代表著熊。北方的宗教活動是吹著樂器，披著熊皮，也是代表著天神降臨。我們說第三重證據是最有效的，因為它是活的，所以把古老的文物和古書裡解決不了的問題看成是一個完整的文化文本，這樣我們會對華夏的來龍去脈理解得比較清楚。

2014年於華中科技大學的演講
龔穎迪根據錄音整理

多元價值、文化自覺與國家共識

歐陽康　華中科技大學國家治理研究院院長、哲學研究所所長、教授

　　國家治理大講堂有一個主題叫作「多元價值，文化自覺，國家共識」，對於這個問題我是思考過一段時間的。我在今年國慶假期去了騰沖，騰沖是中國一個特殊的地方。中國人口密度圖從中國北邊黑龍江的黑河到南邊雲南的騰沖畫了一條線，把中國的領土分為東南片和西北片兩大塊。

　　東南片面積占了百分之四十七，養活了百分之九十四的人；而西北片面積占了百分之五十三，卻只有百分之六的人在上面工作、學習。這段時間以來，我在一些課程與講座當中講中國的問題時，總是從這個人口密度圖所展示的自然地理狀況講起，但是我這麼多年來一直沒有去過騰沖，這讓我覺得非常遺憾，所以早早地謀劃今年國慶假期要去騰沖。在騰沖，我看到了火山，看到了國家的原始生命力，看到了國家的濕地，更看到了中國哲學界的一位老泰斗——艾思奇教授的故鄉。當年我當工人時讀的第一本馬克思主義哲學教科書就是艾思奇先生主編的《辯證唯物主義和歷史唯物主義》，當時我一拿到這本書就捨不得放下了，然後通宵把它讀完了。也許我就是在那個時候萌發了未來要走一條哲學之路的想法。艾思奇先生應該可以算是中國馬克思主義哲學研究的第二人，第一人是毛主席的老師李達先生。艾思奇先生也可以說是毛主席的老師，因為他的很多作品毛主席都認真地

研讀過，並且做了一些批示。毛澤東同志對於艾思奇先生的評價是三個詞：「學者、戰士、真誠的人」。我想這個評價是非常高的。

我在騰沖的時候，一方面遊覽祖國的大好河山，另外一方面關注著一個特別的現象，就是香港地區的非法「占中」活動。那時候我以為非法「占中」活動到十月三日左右就應該停止了，結果一直鬧到現在。所以說當我們謀劃華中科技大學文化素質教育二十周年的時候，應當看到今天祖國大地上還存在著文化的差異、價值的碰撞、理想的分化，還存在著各種各樣值得關注的問題和現象。在這種情況下，討論高校文化育人這個話題的時候不能不來討論如今文化自覺面臨著的障礙。在這樣的背景下，連繫到國家治理時，我們也討論一下民族復興與國家認同的問題。所以實際上我要討論四個方面的問題：文化素質教育的簡略回顧與反思、從香港地區非法「占中」所看到的多元價值的衝突、文化育人與文化自覺、民族復興與國家的認同。最後我希望當今的中國能更好地行進在世界文明大道和中華復興大道上。首先是要與歷史對話，我們要更好地去把握歷史的脈絡；同時要與時代對話，看看時代給我們提供的機遇和挑戰；另外還要與自我的心靈進行對話。今天我所講的所有問題都與我們的日常生活關係非常密切，我希望能夠在對話中間深化我們對很多問題的思考。

首先我們就文化素質教育與中國的文化建設同步前進的問題做一個簡單的回顧。人文講座到明天晚上就是整整二十年了，同時也有近二千期了。我大概梳理了一下我們這近二千期講座間重要的一些節點，比如說一九九四年三月三日，當時的思政部的何抗生教授做了首期講座，講座的題目叫《當代世界經濟與中國》。第一講就已經把中國的問題引向了世界，探討世界經濟對中國的影響；到第一千期人文

講座的時候，楊叔子教授主講了《中華民族精神：中華民族文化哲理的凝現》，這期講座有一個重要的背景就是當時黨中央在十六大上提出了要培育和弘揚中華民族精神，當時華科成立了中國第一家中華民族精神研究院，不僅受到了媒體的高度關注，而且成功地獲得了教育部在黨的十六大後第一次設立的有關民族精神的重大科研項目，名字叫作「培育和弘揚中華民族精神」。這期講座由於聽眾太多，於是在第一期講完之後又加了一場。到了二○○九年五月三十一日，時任華中科技大學校長的李培根院士主講了第一千五百期人文講座，講座的題目是《「人文、科學、教育」雜談——我與大家一起學習與思考》，這個講座後來被收錄到了超星的學術視頻中；今天的人文講座主要是要預熱，希望明天大家去聆聽「根叔」在離開了學校校長一職以後如何繼續關注文化素質教育問題。

我應該向大家特別地介紹華中科技大學對於文化素質教育的關注，我記得在上一次進行高校本科生教學水準評估時，大家概括的華中科技大學教學三大特色之一就是文化素質教育。華中科技大學的文化素質教育在全國的地位有多重要呢？

第一，教育部分兩次設立了九十多個文化教育基地，華科屬於首批；教育部在十五年前設立了全國高校文化素質教育指導委員會，我們是三屆的主任委員。我覺得楊叔子院士不僅僅是因為他的工程科學技術而蜚聲海內外，更多的是因為他對文化素質教育的關注。另外，華中科技大學這麼多年以來一直是教育部高等學校文化素質教育指導委員會的秘書處單位。學校這方面的工作之所以能做到這樣一個程度，是因為歷屆領導都高度重視文化素質教育。例如，我們現在又恢復成立了華中科技大學文化素質教育指導委員會，由楊叔子院士擔任

名譽主任委員，由李培根院士擔任主任委員，由丁漢初常務副書記擔任副主任，還有段獻忠副校長、周建波副書記以及我擔任副主任。我們一起加強文化素質教育基地的建設，對此，我們專門下達了幹部的指標、工作人員的指標、經費的指標，並且將它作為獨立的機構掛靠在華中科技大學宣傳部，與文化建設委員會放置在一起。我們非常熟悉的「根叔」——李培根院士也積極參與這些活動，明天他跟我們主講第二千期人文講座，題目是《大學生與大學精神》。

第二，在人文素質講座發展的這二十年裡，中國社會在不斷走向進步。借此機會也可以做一些反思，從某種意義上可以說，高校的文化素質教育不僅僅改變了高校本身的性質、結構、功能，更重要的是它促進了社會文明與發展。從改革開放以後，我們有一個重要的命題叫作「科學技術是第一生產力」，那麼我們可以進一步追問文化是什麼。而現在文化已經成為軟實力。由第一生產力到文化軟實力，體現了中國社會的巨大進步，由應用科學工程技術，即狹隘的科學、一流技術到了現在的人文技術、社會技術、人文社會科學，形成了一個大科學的體系，所以我認為這個方面進步是非常顯著的。同時，從一九九二年黨的十四大決定進行社會主義市場經濟建設開始，全社會轉向了以經濟為中心，經濟成為社會發展長河間的漩渦，而文化在哪裡？我們一直在追問這件事情。到現在為止，中國的GDP已經占到世界第二位，而在文化上能夠占到第幾位？我們能不能夠拍著胸脯報出我們的文化在世界上的位置？我覺得恐怕這也是需要來討論的一件事情。客觀一點來說，我們的文化素質教育推進了在市場經濟條件下的文化建設，而在黨的十七屆六中全會的時候，中央專門下達一個文件來推動文化大發展、大繁榮。所以我說中國人最終站起來要靠中國

文化，而經濟、市場其實都是為文化建設做鋪墊，並提供基礎與條件。

　　第三，涉及「國學熱」。改革開放以後，社會道德及精神面貌出現了很多問題，於是人們努力地往回看，努力地尋找資源，由此產生了「國學熱」。「國學熱」從當年杜維明先生提出儒學第三期發展，到後來進一步講文化中國，再進一步到很多高校都建立了國學院，例如華中科技大學歷史研究院也成立了相關的國學院，這些都是非常重要的。但是光靠歷史、國學恐怕是很難解決中國當代的很多現實問題的。還有一個多方面地尋找資源來幫助中國實現中華傳統文化復興的問題，那麼在科技發展的基礎上我們提出了一個重要的問題——關於科技與人文的融合。華中科技大學在「985」工程的第二期時專門成立了一個特別的中心叫作「科技進步與人文精神研究中心」，這是當時「985」工程第二期的時候華中科技大學唯一的一個國家級人文研究基地。在這一背景下，當時深度探討科技與人文相結合的結合點在哪裡，以及如何實現這種結合。這種結合是不是由一位文科老師加上一位工科老師，再加上一位醫科老師、一位理科老師就叫作結合？我認為不是的，這種結合應該是在每個人的心靈中，在每個人的知識體系中，在每個人的方法與系統中，所以這種結合是不太容易的。當時一共出版了二十本書——「科技進步與人文精神研究」系列叢書，都是由人民文學出版社給我們出版的。在這個過程當中我們發現了很多問題，例如現代科技如何更好地服務於人類的健康發展而不是摧毀人類。很明顯，我們看到今天很多科學技術是被用來摧毀人類的自身的存在，舉個例子，現在美國對恐怖組織的不斷襲擊一方面看來是在伸張正義，另一方面也傷害了不少無辜平民，造成國家之間、民族之

間、文化體系之間的一種撕裂，這樣一種狀態非常值得我們來研究。同時我們也能夠看到恐怖主義分子在努力利用他們能夠拿到的所有的武器，這給我們提出的一個重要的問題就是科技、人文的走向以及價值取向的問題。另外，當我們強調人文的時候，我們不得不看到當代的人文精神缺少科學基礎。如果沒有科學基礎而僅僅依靠傳統的人文精神，我們幾乎是無法解決當代中國所面臨的複雜問題的。

在一九九八年以後，中國的高等教育有了一次極度的擴張，首先是高校的合併，然後是招生人數成倍增加。而且它增加的速度非常快，據說在一九九八年的時候印度的大學生人數是中國的兩倍，到了二〇〇八年的時候中國的大學生人數已經是印度的兩倍。很多年輕的朋友得到了上大學的機會，同時也受到了各種各樣的責難和質疑，那就是這樣一來中國高等教育該如何發展？當高等教育有了一定的規模的時候，該如何更好地提高它的水準？提高水準的關鍵在哪裡？我認為，我們不僅要有科學、有技術、有方法，更重要的就是要有合格的建設者和可靠接班人。

如果說中國大學生有一個廣義的概念，那麼大學生其實正在發生著分裂。比如說，本來海峽兩岸有一個非常重要的關於服務貿易的協定，可能大家沒有覺得服務貿易有什麼了不起，但大家知道在WTO的框架裡面什麼叫作服務貿易嗎？我們到國外去留學叫作自然人流動服務貿易，高等教育、中等教育、初等教育都是屬於服務貿易。所以服務貿易與我們年輕一代的關係是很密切的，但恰恰是臺灣地區的一批大學生們站出來阻礙海峽兩岸的這樣一個極為重要的文化教育、科技交流的協定的順利談判和簽訂，這讓我感到非常遺憾。我去了八次臺灣地區，從來沒有想到過臺灣地區的大學生們會有這樣的舉動，這

讓我感到有些痛心。坦白地講，我今天多少是帶有一些沉痛來跟大家討論價值的多元化的問題的。一個輕鬆的多元價值的背後實際上是一個很沉重的社會人群的分裂問題。

大家知道，中國高等教育過去一直強調的是教書育人，培養好學生和為社會培養英才。德國的高校率先在世界的高校中把科學的旗幟扛起來，促進了高等教育更好地引領世界科技進步。比如現在諾貝爾獲獎獲得者中相當多的人是在高校工作的，他們在教育領域最早開展科學研究是教育的榮幸，也是科學的榮幸，當然也是他們的團隊的榮幸。後來在美國高等教育的發展過程中增加了重要的使命，就是社會服務。大家知道，美國的實用主義哲學要求美國社會所有的機構對社會發展都能夠起積極作用，於是高校增加了社會服務。而胡錦濤在清華大學百年校慶的時候專門提到，高等教育還要有一個更重要的使命，那就是文化傳承與創新。這就把高等教育與人類文明發展進步內在地連繫了起來，應該說前面講的第三個職能和第四個職能的內在本質是一致的，但是把第四個職能突顯出來，這對於文化素質和高校文化育人都起了極為重要的作用，所以教育部在一個新的高度上重視文化素質教育。今年上半年，在華中科技大學召開了第六次全國高校文化素質教育工作會議，當時教育部高等教育司的張大良司長在此次教育會議上，帶來了教育部領導對於文化教育事業的一系列積極的規劃。

黨的十八大明確指出，「立德樹人」是高等教育的根本使命。「立德樹人」對於高等教育來說是一件很神聖的事，也是一件很艱難的事。最艱難的是，在價值分裂的社會裡邊，不同的人群、不同的階層對「德」的理解是不一樣的。今天來講立德樹人的時候，我就提出在

多元價值下的「立德樹人」，首先要搞清楚什麼是「德」，什麼是大德，什麼是有利於中華民族偉大復興之德，什麼是最符合人性之德，這對於我們來說是一個非常重要的任務。正是在這樣的背景下，我們可以把文化的問題和「中國夢」連繫起來。習近平一直強調「中國夢」，他曾經說中華民族的昨天可以說是「雄關漫道真如鐵」，中華民族的今天正可謂「人間正道是滄桑」，中華民族的明天可以說是「長風破浪會有時」。他把中華民族的偉大復興界定為中華民族近代最偉大的「中國夢」，而且他充滿信心地告訴我們：我們現在比歷史上任何時期都更接近中華民族偉大復興的目標，比歷史上任何時期都更有信心、有能力實現這個目標。

當我聽完黨的十八大報告以後，我心中最深刻的印象就是中華民族的偉大復興。在二十世紀七〇年代恢復高考，我進大學的時候，有一個口號叫「振興中華」，那麼振興中華和復興中華有什麼區別？我認為它們有一個共同點就是都要興旺發達，但「振興中華」只想到了中國未來之興，而「復興中華」講到中國歷史之興。應該說不是所有民族都有權利談「復興」的，只有歷史上曾經輝煌過的民族才有權利談「復興」，而這可以說非中華民族莫屬。那麼我們中華民族在歷史上有多麼興盛呢？我想大家可以通過這一組資料看出來。從唐宋開始直到一八二〇年，中國經濟占全球份額的百分之三十三，當時中國一個國家的GDP比歐洲所有國家加在一起的總和還要高出百分之二十。然而，非常遺憾的是，一八四〇年鴉片戰爭開始以後，中國不斷地遭遇到了各種各樣的屈辱，而這一種情況導致我們的GDP在世界上的比例急速下降，到一九四九年的時候只占到百分之四點六。應該說明的是，一八四〇年至一九四九年是世界經濟快速發展的上行

期，而中國經濟快速下降，這是一個剪刀差。到了一九四九年新中國成立以後，我們通過極大的努力保持了和世界經濟發展的同步增長，直到一九七八年，中國都保持著這種沒有太落後也沒有太超前的水準。到一九七八年以後，中國的經濟有了明顯進步，直到黨的十八大召開以前的二〇一〇年，中國的GDP在全球的總份額中已經占到百分之十點四。中國GDP占到世界百分之十點四這一件事情對於世界和中國都具有重大的意義，這是讓中國人揚眉吐氣的事情。今天世界對中國日益重視，正是因為這三十多年的快速發展，同時我們拉動了世界經濟的發展。按照黨的十八大的規劃，中國到二〇二〇年實現國民總收入翻一番，中國的GDP占世界的比例將達到百分之二十五。如果我們再快速發展十年，到二〇三〇年，中國GDP將達到百分之三十三。如果我們能夠保持，大家可以想一想，到二〇四九年，當我們兩個「一百年」真正實現的時候中國會怎麼樣？如果這樣講的話，那麼李大釗講的「青春中國」、方志敏講的「可愛中國」、胡錦濤講的「美麗中國」就將在中國大地得以實現。而這十年、二十年、三十年正好需要在座的諸位將你們的青春、才華奉獻於中華民族，促進中華民族的革命性發展。你們有責任，你們有光彩，你們將享受，你們將幸福！所以我想這樣一個東西對我們是有強烈的吸引力、魅力、感召力、推動力的。

在我看來，中華民族的復興的絕對不僅僅是GDP，更重要的是文化。我們注意到習近平主席在專門闡釋「中國夢」的時候講到了三個概念——「堅持中國特色社會主義道路」、「振奮中華民族精神和時代精神」、「彙聚中國力量」。所以當時我作為中共湖北省委十八大宣講團的成員，在很多廳局、地市和高校演講中用的標題就叫作《加

速中華民族偉大復興的集結號》。我對「集結號」這個概念有一番特別的體悟。大家都看過《集結號》這部電影，關於《集結號》中的原型，華中科技大學也曾參與其中。這一件事情發生在我擔任學校黨委副書記分管學生工作期間，我們華中科技大學的學子們為太原解放戰爭八十四張沒有發出去的陣亡通知書尋找烈士親屬，在二〇〇六年的春節，我們發現有十一張陣亡通知單都是襄樊的，於是同學們冒著大雪來到了襄樊，幫助這一些陣亡通知單中的戰士找到了他們的親友。當時我和同學們一起去襄樊看望這些烈士親友，然後把他們接到了武漢，一起去太原祭奠烈士的英靈。後來我們的一七二位同學被中央授予「烈士尋親優秀團隊」稱號，獲得了國家級的獎勵，這是華中科技大學的一個榮幸。所以我對於「集結號」這個概念是有一番特別的情感的，而今天的中華民族真正需要的就是「集結」，「集結」各方面、各階層、各群體的力量彙聚成一個促成中國民族偉大復興的洪流。

在這樣一個背景下，當今天來談論中華民族的偉大復興時，應當要關注「中國價值觀」這一個重要的概念。當時《光明日報》特意約我寫一篇學習黨的十八大精神的體會，我就在文章中寫到我們有三個前提。一個是歷史前提，它有生存性，我們有古代的輝煌，也有近代的苦難。然後我們有兩個時代前提：我們有巨大的成就，但是我們也有特殊的發展的困局；再者我們要有兩個責任前提，那就是舉國共識與全民共用，我們需要所有人的共同的努力，需要每一個人的參與，包括我們在座的諸位──這也是我今天和大家交流的核心。在我自己的學術生涯中，我看到了一個文化與國家治理的雙重辯證，我從進入大學教書開始就在研究社會認識論，並且培養本科生、碩士生、博士生。我們一直在研究如何更好地認識社會，在這個節點上，我們進一

步深化和拓展怎樣更好地治理國家。我想這也是我們作為一個當代中國公民、一個當代中國知識分子的責任，這就叫「天下興亡，匹夫有責」。我們不一定能給國家什麼特別好的意見或者建議，但是我們可以用這樣的方式來為國家的發展盡一份心。正是在這樣的背景下，我們進入到第二個話題，關於當前中國的多元價值反思。

我特別希望同學們能夠認識到今天中國的價值多元化，這是一個非常複雜的問題，對於這個問題，如果沒有足夠充分的認識，不僅僅個人會迷茫，整個社會都可能出現迷茫，今天我們的很多問題可能就是在這樣一個「多」中間產生的。中央領導一直高度關注價值問題，習主席今年在北大五四講話的時候特意講到核心價值與民族精神。他說人類社會發展的歷史表明，對一個國家和民族來說，最持久、最深層的力量是全社會共同認可的核心價值觀。我剛才為什麼不斷地談到臺灣、香港與內地，因為這就是價值的分離、分化甚至矛盾與衝突。我們有沒有被全中華民族、兩岸地區、全球華人共同接納的核心價值觀？這是當代中華民族面臨的最嚴峻、最複雜的挑戰。習主席說核心價值觀承載著一個國家、一個民族的精神追求，體現著一個社會評判是非曲直的價值標準。習主席說一個民族、一個國家的核心價值觀必須同這個國家、這個民族的歷史文化相契合，同這個國家、這個民族的人民正在進行的奮鬥相結合，同這個民族、這個國家需要解決的時代問題相結合。那麼這是與歷史文化、奮鬥目標和當前需要解決的問題這三個方面相結合。

今天中國的價值多元化不是偶然的，而是漫長歷史發展的產物。我給大家列出了中國價值多元化的歷史的若干節點。比如說從源頭上來看，《周易》的智慧就是民族的智慧，我兩次到臺灣地區參加周易

學術研討會，感受到了《周易》對於中華文化的源頭地位。接著有了兩千多年的孔孟之道，這成為中華文化的主流。其次佛教逐漸傳入中國，而佛教又中國化了，它不僅深刻地影響到了中華文化，而且它又被中華文化改變了一定的內容和形態。再者基督教傳入了中國，一大批西方傳教士把西方的文明、西方的科學技術也傳進了中國，當然也把宗教信仰帶進來了。從此以後，中華文化呈現出三教九流在中國大地激盪漫遊的這麼一個歷程，出現了儒釋道交織互動的這樣一個歷史背景。然後到了一八四〇年中華文化作為一個整體而衰敗，這時候國運受到了極大的打擊，政治與文化衰落了。接著一九一一年中華民族幡然奮起，孫中山先生提出了「三民主義」。在「三民主義」之後就有了五四運動，五四運動呼喚科學與民主。尤其是伴隨著十月革命的成功，馬克思主義進入中國，在這樣一個背景下中華文化出現了新生命。西方的自由主義、馬克思主義等各種思潮都進入了中國，中國思想界在二十世紀三〇年代前所未有地活躍，那是一個文化論爭的時代。接下來有了新中國，有了二十世紀六〇年代的「文革」，有了一九七八年的改革開放，有了一九九二年的市場經濟建設。然後到黨的十六大提出培育和弘揚中華民族精神，黨的十七大提出建設中華民族共有精神家園，最近黨的十八大提出國家治理問題。改革開放以來，華中科技大學在所有的節點上都走到全國高校的前列，這是值得我們高興的。那麼中華文化就其歷史的淵源而言，它是有著傳統的核心價值觀的。過去一直有一個誤解——我們中華民族好像一直不成熟，甚至學界一直有一場爭論叫作「中國到底有沒有哲學」。中國的民族精神一直有自己的根，其根在於以儒學為核心的這樣一個核心價值觀。孟子說「仁則榮，不仁則辱」，他把自己的哲學叫作「仁學」。

管子說「四維不張，國乃滅亡」。過去我們一直講「三綱五常」，「君為臣綱，父為子綱，夫為妻綱」，「仁、義、禮、智、信」，很多人一直批評它們，特別五四時期。但是我們發現，其實這些東西告訴我們，一個社會應該有自己相對穩定的秩序，如果一個社會出現了一個「君不君，臣不臣、父不父、子不子、夫不夫、妻不妻」的局面，那這一個民族還成何體統？尤其是「三綱五常」中講到的「五常」，即「仁、義、禮、智、信」，大家想一想，如果一個民族離開了「仁、義、禮、智、信」，那麼這個民族還可以憑藉什麼立足于世界之林？我去了多次海峽對岸，看到臺灣地區領導人一直強調八個字——「忠、孝、仁、愛、禮、義、廉、恥」，我深信它們不應當僅僅屬於海峽對岸，它們應當是兩岸人民乃至全球華人的共同的精神財富。

　　然而，二十世紀以來，中國傳統的核心價值觀遭到了多次衝擊。第一次衝擊是五四運動宣揚「打倒孔孟」，當時出現了胡適、魯迅這兩位重要的旗手，胡適主張全盤西化，魯迅要求我們反省中國人的國民性。他們對於中華文化的批評是非常嚴厲的，特別是魯迅先生，他說自己看《二十四史》時看來看去就看出兩個字——「吃人」，這個批判是入木三分的。臺灣地區一位元叫柏楊的學者寫了一本書叫《醜陋的中國人》，他說中國人的國民性確實需要加以反省，他說中華文化像是一塊沼澤地，繞也繞不開，過也過不去，就像一個沉重的包袱，扔也扔不下，背也背不動。他這個批判是非常深刻的，這裡面涉及一個比較重要的問題：應當如何看待五四運動？前一段時間，社會上出現了批判五四運動的現象，有人認為五四運動對中華傳統文化的批評是錯的。我倒不這樣看，我認為五四運動對於中華傳統文化的深度反省是中華民族當代覺醒的必要條件，如果沒有五四運動，沒有馬

克思主義走進中國，沒有科學和民主，那麼今天的中國還不知道是在處在什麼樣的狀態下。我們能不能以一種更加辯證的方式來對待中華傳統文化？應該說這個還是可以進一步來討論的。在五四運動這樣一個背景下，兩千年的孔孟之道在那樣一個時代裡被扔到垃圾桶裡去了。這一件事情有利有弊，總體上看利大於弊。在幫助中華民族覺醒時總是要扔掉一些東西的，這也是無可奈何的，當然這件事情也會有爭論。第二次衝擊是馬克思主義進入到中國，馬克思主義成為當代中國文化的重要的內在的組成部分，新中國成立以後，這一代人是在馬克思主義、社會主義的旗幟下成長起來的。無論是在土地革命戰爭、解放戰爭、抗日戰爭中提出的革命英雄主義，還是一九四九年以後中國共產黨人努力樹立的社會主義核心價值觀，我們可以看到它們講了很多東西。比如說中國人民政治協商會議通過了《共同綱領》，明確地講到了愛中國、愛人民、愛勞動、愛科學、愛公共財物，愛公共財物很明顯和前面的不太匹配，於是後來把它改成了愛社會主義。接下來遭遇到了第三種衝擊，那就是「文革」的衝擊，「文革」的衝擊可以說是一次錯誤的衝擊。第三次更大的衝擊是改革開放以來對於我們的文化、價值的衝擊，而且我們列出了許多形成衝擊的因素。第一個因素是西方文化再次進入中國，它這一次進來是在我們中華民族打開國門的情況下引進來的，這跟二十世紀三〇年代引進西方文化的時候還不太一樣，因為這是中國人民主動向西方先進文明開放，並且改革我們自身。這個時候我們就面臨一個如何去接納它的問題。西方文化比較強調個性，個人色彩比較濃厚，它該如何和我們中國的比較強調群體、集體的這樣一種價值之間形成一種內在的相關性呢？第二個因素是經濟全球化，我們過去最開始是小農經濟，後來是集體經濟，現

在是市場經濟。第三個因素是世界多極化，在這樣一個背景下我們有了資訊化、科技革命等等，此時社會經歷著深度的轉型以及價值觀念的變革與創新。正是在這樣一個長期的歷史發展中，形成了我們今天中國價值的複雜格局。

我在研究整個世界的現代化時，發現迄今為止，世界在幾百年的歷史間一共走過了五種主要階段或者主要模式。首先是歐洲式的，即西歐以英國為主的工業革命，當然還可以追溯到文藝復興等一系列思想運動；接著是美國模式；其次是蘇聯、東歐模式；再者是東亞模式；最後是拉美模式。我們對這五種模式都有所借鑑，但是我們不是其中任何單一模式的簡單移植，而是有了中國式的變革與創造，而且我們的社會主義也不斷地發生了變革。迄今為止社會主義一共有三種選擇、三種命運。第一種是蘇聯、東歐選擇加入現代化、全球化，尤其是在戈巴契夫執政期間甚至提出了全人類利益高於一切，要讓蘇聯利益無條件地服從全人類利益，最後丟掉了政權，國家改變了顏色，蘇聯不復存在。我在課堂上專門講到了蘇聯、東歐失敗的教訓，這是一個非常慘痛的教訓，當時的蘇聯沒有天災人禍，沒有重大的政治鬥爭，就是因為內部價值觀念的變化，導致執政黨內部分化，分化以後的執政黨無力支撐整個國家的建設。第二種選擇和出路就是我們看到的古巴和朝鮮，不那麼嚴格地、恰當地說，它們把自己的國門關起來，然後走他們所認可的社會主義傳統道路，政權非常牢固，但是人民生活並不富裕，國家並不富強，這裡具有一個重大的問題就是執政黨的利益和人民的利益、國家的利益三者之間怎樣實現一種協調。第三種選擇就是中國和越南所走的道路，應該說我們努力地加入現代化、全球化，又堅持走社會主義道路，所以中國模式對世界具有特殊

的意義。

　　就在這樣一個背景下，中國如今呈現價值多元化的局面，「多」的歷程已經就這麼走過來了，但「多」是需要反思的。如果不能對「多」有一個深刻的認識，我們恐怕很難駕馭中國多元化的局面。我在這方面提出了六個問題，但我到現在也沒有找到答案，我們還在探索的過程中。第一個問題就是多元化中的「元」哪一些是正當的、合理的，哪一些是不正當的、不合理的，還是說都是正當的，合理的？我想這是我們需要討論的。第二個問題就是不同的「元」各自在中國社會占多大的比例和什麼樣的地位是合適的？比如說我們現在所有制中以公有制為主體，公有制的主體地位意味著什麼？是不是要占百分之五十呢？那麼我們要大力發展民營經濟，民營經濟的所有制算什麼？第三個問題是在這樣一個背景下不同的「元」之間的現實利益關係、矛盾衝突及其程度如何？不同的所有制就是不同的生產方式、不同的分配原則，每一個人都生活在一定的利益群體當中，一定會站在自己所處利益群體的基礎上來考量中國，考量中國的整體制度和它的實施政策。第四個問題是不同的「元」各自以哪些不同的人群乃至階層作為代表？這是一個非常敏感的問題。當時我的一個博士研究生寫了一篇博士論文叫《社會階層論》，最近我讓他用他講的這個社會階層理論幫助我分析中國社會各階層，但是分析不了，因為太複雜了。第五個問題是當代中國不同社會群體以及與不同階層有哪些利益訴求是正當的？哪一些是不正當的？正當性及其程度如何？第六個問題也是最核心的問題——多元化挑戰社會的核心價值和主流價值。國內有這麼多的群體、這麼多的所有制、這麼多的生產方式、這麼多的分配方式、這麼多的思維方式、這麼多的價值觀念，在這樣一個背景下如

何建立科學合理的社會認知體系、評價體系？當然這個也是國家治理的使命，華中科技大學國家治理研究院就以此作為解讀中國問題的突破口，我們希望能夠在深度把握中國複雜性的基礎上為中國社會更好地實現善治提供一些可能的執行建議。說實話，我們還是覺得自己的力量非常單薄。

　　在這樣一個背景下，我們來講講多元價值下的文化自覺問題。我們之所以要文化自覺，就是因為價值太多元、太複雜了，所以我們需要有深度的文化自覺，這就是我們內在的邏輯。何為文化自覺？這是大家首先都會問到的問題，我給大家推薦兩段話，一段話來自中國著名社會學家、人類學家費孝通先生，他曾經寫過一篇文章叫作《反思‧對話‧文化自覺》，他說：「文化自覺」是當今時代的要求，它指的是生活在一定文化中的人對其文化有自知之明。這句話的核心是「自知之明」，也就是要明白文化的來歷、形成過程、所具有的特色和它發展的趨向，並且不帶任何文化回歸的意思，也不是要復舊——他知道人們一講到「文化自覺」就是要回到老祖宗那裡。我認為回到老祖宗那裡是必要的，但是僅僅回到老祖宗那裡是不夠的。同時他也不主張全盤西化，他知道很多人一講到「文化自覺」就是要把西方文化請進來。「自知之明」是為了加強對文化轉型的自主能力，這就是我們講到的轉型。而文化決定對新環境、新時代的適應是文化選擇的自主地位，這就是我們講文化選擇與文化自覺。另外我們推薦習主席最近講文化自覺的話，他說：一個民族、一個國家必須知道自己是誰，是從哪裡來的，要到哪裡去。尤其是作為一個中國人。他說：我們生而為中國人，最根本的是我們有中國人的獨特精神世界，有百姓日用而不覺的價值觀。「日用而不覺」就是價值觀帶給我們的力量和

作用，我們生活在其中而不自覺。今天我們希望能通過講座、研討、分析與反思來提升我們的文化自覺。

　　當然，今天的中國面臨很多文化控制，我們在這裡列舉了七大文化控制。比如說文化圍城，大家都讀過錢鐘書先生的《圍城》，他說：婚姻就像一個圍城，圍在城裡的人想逃出來，城外的人想沖進去。婚姻就像一個黃金做的鳥籠子，籠子外面的鳥拼命想進去，籠子外面的鳥拼命想飛出來。什麼叫「文化圍城」？我不知道有沒有人專門講過這個概念，我自己一九九六年在英國學習的時候，牛津大學邀請我去做一個演講，我當時就用了「文化圍城」這個概念，這篇演講的題目是《跨文化的誤解及其超越》。英國的傳統、保守與中國形成鮮明對照。在這樣一個背景下，我們來講「文化圍城」，東方人嚮往西方，西方人嚮往東方。五四時期胡適主張全盤西化，而西方人卻告訴我們二十一世紀是中國的世紀。過一段時間我要去美國講學，其中有一個演講的主題就是美國人一心把世界未來的希望寄託在中國，這確實值得深度探討。然後我們還有很多的文化競爭。中國在經濟競爭中是世界第二，政治競爭方面我們是聯合國常任理事國，軍事競爭方面我們有了「遼寧號」，科技競爭方面我們的「天宮一號」已經在天上飄蕩了三年，這些都是了不起的。但是我認為沒有什麼東西比文化競爭更厲害，而且這也是中華民族唯一能拿得出手的、真正能夠影響世界的。我們今天社會上有一些不安全因素，我認為我們最大的不安全就是文化不安全。有多少同學去看過校史館後面的文化素質教育紀念牆？我們專門把楊叔子的一段話刻寫在那上面，他說：一個民族如果沒有強大的科學技術，它的命運可能會很悲慘，叫一打就垮；而一個民族如果沒有強大的理想信念、正確的價值取向，它的命運可能會

更加悲慘，叫不打自垮。前邊我們講到的蘇聯、東歐就是不打自垮的例子，當然這其中也有西方人的謀劃。我們中國的今天面臨著同樣的威脅，我們後面還會專門講到這方面的問題。另外，我們強調文化軟實力，一開頭就講到國家實力由硬實力到軟實力是中國文明的進步，然後還有文化需求、文化品格、文化使命。什麼是文化？這是一個非常複雜的問題。今天我們不打算專門就文化問題刻板地做學術方面的厘清，但我自己把它分為四個方面。

第一是現象方面，它是使人超越於自然生命體的生活方式，文化就是人的生活中的一切。第二，從本質上來看，文化使人的生命獲得超拔的理想價值追求，它解決的問題就是人為什麼活著，為什麼還要活得艱難，而且為什麼這麼艱難也要活。其實只要去探究生命的意義，只要努力地去創造生命的意義，生命的價值就一定會展示出來，這就是我們經常講的人所具有的文化的生命的意義。第三是文化的行動方面，它是指向一定目的和利益的人為性程式設計。比如我們人文講座到了第一九九九期要搞一個活動，大家開學了要搞開學典禮，畢業了要搞畢業典禮，畢業典禮上一定要把帽子上的流蘇從左邊撥到右邊，而且這個程式非常嚴格，這就是文化。有時候文化的形式比內容還要重要，當然形式和內容的內在是相通的。第四方面，文化更重要的是它傳承、教化、凝聚的功能，它使個體從屬於一定的群體，這就叫文化育人。

所以，在這樣一個背景下，今天中華文化建設面臨三種資源選擇。在二〇〇七年我寫了一篇比較長的文章討論了這個問題，那篇文章的題目是《當代中國文化構建的資源選擇與價值取向——評有關「復興國學」的爭論》，我當時在文章中討論的問題就是當代中國經

濟建設出了問題時到哪裡去獲得道德資源。有的人說我們回到孔夫子那裡去，我認為僅僅靠孔夫子解決不了今天中國的問題，但是我們要弘揚中華優秀文化——這是我們的第一種資源。習主席在今年的五四講話中專門講到了中國傳統文化，他列舉了很多傳統文化中的內容，都是我們中華文化中非常優秀的東西。我們需要認真研究如何將這些東西融入當代中國市場經濟和資訊化體系中。第二種資源就是西方先進文化，僅僅依靠中華傳統文化是不行的，還需要西方先進文化。那麼西方優秀文明是怎麼走過來的？給了我們一些什麼啟示呢？大家知道西方文明中有一個很重要的內容就是「原罪說」。我原來還不太相信這個原罪人性假設，現在看來其實每個人心中都會有各種各樣的邪念和善念。西方文明強調的是要有一個嚴格的責任與誠信體系，讓想犯錯的人犯不了錯，讓犯了錯的人能夠有機會改正，這就保證了一個社會的正常運行。然後我們再來談談西方的法治、民主。在整個西方文明的民主與法治體系中，又有靈活的市場機制作為調節機制。當然市場經濟是有代價的，它和價值規律這個看不見的手一起來調節，從而使公平和效率能夠得到一定的保障。然後在這個基礎上西方強調平等與博愛，強調每個人的自由不能妨礙他人的自由，強調對他人權利的尊重，強調個性自由。這些東西都是我們中華文化應該認真學習借鑑的。這是西方文明的密碼，他們造就了西方文明，鋪就了人類的文明大道。講到這裡，我想談一談美國，我們在實現中華民族偉大復興的過程中很重要的一點就是要和美國競爭。我們要實現中華民族的偉大復興，就必須深入地了解美國成功的奧秘，這個問題需要做深入研究。美國不僅依託於獨特的區位和資源優勢，而且在讓美元成為世界貨幣的同時保持主權獨立。也就是說，全世界都在用美元，而美元只

有美國聯邦銀行才能夠發行，於是它保持了作為主權貨幣的國家權威性，又保持著對於世界經濟的影響力。美國人即使天天不幹活，僅僅從美元在世界的流通中就能獲得很大的利益。同時，美國有一種實用主義哲學，強調永遠要找准這個民族發展的最大的對手和障礙，並堅決地與之戰鬥，永遠要站在世界領先的地位，並且領先所有國家三十年。所以大家聽到現在美國人經常講中國「威脅」論，你千萬就不要真的以為今天中國在一些地方威脅到了美國，在美國人心中只有超越所有國家三十年才是安全的，現在發現已經不到三十年了，他們就開始著急了，這就是他們的憂患意識。所以美國這樣一個優點非常值得我們學習，而且美國文明最深入的密碼就是文化。英國的一個著名學者、牛津大學的以賽亞·柏林在給我主編的《當代英美哲學地圖——當代英美哲學與哲學家研究叢書》寫下他的畢生回顧時，告訴我其實有兩種自由：一種叫積極自由，另一種叫消極自由。所謂積極自由，就是「free to do what you want to do」，即「自由地做你想做的事情」，這是一種自由；另一種自由叫消極自由，「free from limitation」，即「尋找自由首先是在限定中尋找」。這就是兩種自由，是對於人性的真實意義上的理解，所以我認為這種文明是需要我們來深度關注的。美國把自己所有的地區、民族、人群凝聚在一起的就是靠它的價值觀，這是全體美國人安身立命的東西。而中國價值觀在哪裡？這就是我們今天討論的核心話題。在中國當代文化建構裡邊還有一個重要的關於馬克思主義的問題——馬克思主義就是我們的第三種資源。二十世紀的中國走到了今天是離不開馬克思主義的中國化的，馬克思主義給我們理論、思路、方法。通過我這麼多年對它的學習研究，我覺得有很多問題值得我們探討。比如說馬克思的墓誌銘：哲學家們只是用

不同的方式解釋世界，而問題在於改變世界。這一段話被刻在馬克思的墓碑上，表明了恩格斯等人認為這句話是馬克思全部著作中最重要的。馬克思認為哲學家們過去關注的是解釋世界，解釋世界固然重要，但更重要的是改變世界。就在改變世界背後蘊藏著人的自由解放與發展的全部奧秘，因為人的自由解放就是在與世界的關係中獲得的，這就是我們講的「free from」和「free to」兩者之間的關係。然後馬克思講到了未來社會，未來社會應當是一個自由人的聯合體，而這個聯合體是以每個人的全面自由發展為原則的基本社會形勢，而這種自由恰恰是人性最高的要求。他說人的類特性恰恰就是自由自覺的活動，而這種類特性必須通過每一個人表現出來，那就是每個人的自由全面發展是一切人自由全面發展的條件，所以說馬克思主義在今天的中國仍然起著價值觀、理想信念等作用。我自己在很早的時候就專門研究辯證歷史唯物主義，我覺得這些東西對我們今天的中國來說仍然具有非常重要的意義。我們特別要強調的是，這三種資源都非常重要，但是三種資源中任何單一資源都不可能解決當前中國面臨的複雜問題。我的建議是把這三者內在地、有機地整合起來，而這種整合就形成社會主義價值觀。這就是黨的十八大不斷地、明確地提出後來又不斷地強調的「三個宣導」：宣導「富強、民主、文明、和諧」，宣導「自由、平等、公正、法治」，宣導「愛國、敬業、誠信、友善」。它是整合了西方文明，傳承了中華文明，創造了中國的馬克思主義文明，也就是將這三種資源內在地整合起來，所以它可能會成為中國社會未來發展的重要的基礎，也是我們今天應當具有的文化自覺。

我要特別說明的是，絕對不僅僅是中國人在講文化自覺，我特別願意舉一位美國的朋友——著名政治家卡特為例，大家知道卡特對中

國的意義有多大嗎?當年就是他下定決心讓美國跟臺灣當局斷交,跟中華人民共和國建交。這件事情在當時的美國引起了極大的爭議,有的人甚至要彈劾他,而卡特作為一個著名的、高明的政治家,在一個最關鍵的時候做出了一個最恰當的決策。去年卡特專門談到了那段故事,前不久他對中國的情況給予了高度的好評,而且在美國還欣欣向榮的時候他就寫了一本書叫《我們瀕危的價值觀》。在書中,他研究美國道德危機,他代表美國人來反省美國的道德問題,他說:「一個國家之所以有權威和影響,是因為道德因素,而不是軍事實力;是因為它的謙卑而不是傲慢無禮;是因為我們的國家和人民願意為別人服務而不是控制別人。一個沒有道德的國家很快就會失去它在全世界的影響。」我覺得這就是美國優秀政治家所具有的超越性。

在我看來,全部文化自覺的核心就是「認識你自己」,這是我們哲學全部的精髓。希臘有很多的神和神廟,其中有一座神廟叫德爾菲神廟,又叫太陽神廟,它代表了希臘人的智慧。大家知道神廟是人去祭神的地方,但是希臘人的聰明就在於用神的口告訴人:「崇拜我幹嗎?認識你自己就好。」我拍過很多斯芬克斯的照片,其中最喜歡的一張是在德爾菲神廟的博物館拍的,這個健美的斯芬克斯是在德爾菲神廟出土的,它的背後就是古埃及的斯芬克斯之謎,而這個東西恰恰代表著人類從古到今的自我認識。無論是德爾菲神廟的「認識你自己」,還是斯芬克斯之謎的「認識你自己」,其實都是在提醒人類「認識你自己」是最重要也是最難的。我們發現人把世界全部都認識清楚了,比如中國的「天宮一號」飄蕩在天空,我們可以控制它,我們還可以發射「神舟」上去跟它對接,科技已經達到了這樣的水準。但是我們想想人對自己認識到了什麼程度,我認為今天的人類面臨著前所

未有的迷茫。

下面講當代中國的國家認同。國家認同是一個非常重要的概念，只有認同才能找到精神家園。在西方文化裡有一個非常重要的概念叫作identity，我想出了六個層面，這就是我們的精神家園的諸多層面。第一個層面是人生活的自然地理環境以及相應的生態家園感，在座的諸位都會感受到出生地給自己帶來的認同感；第二個層面是文化，即在一個特定的文化體系裡生長形成的一種文化的認同；第三個層面是政治意識形態和政治認同感；第四個層面是社會的經濟模式、分配體系以及相應的安居樂業感；第五個層面是家庭親友及其親情感；第六個層面是人的自我價值取向和自我的成就感。當然這六個層面只是我個人做的一種梳理，但是這六個層面都是需要有所認同的，而且六個層面中的任何層面出了問題都會導致大問題。在這樣一個背景下，其實國家認同在整個國家的認同體系中佔據最高的地位。國家認同包含著政治認同、民族認同、宗教認同、文化認同等等，而國家認同是所有的認同中最高的層面。我們今天來講國家認同其實是要把認同提高到國家這樣一個最高層面、最高境界來加以分析，而且今天中國的國家認同面臨著很多複雜的外部因素。

如今西方人對中國仍然有很多威脅、強硬、傲慢、挑戰等等，早在二十世紀五〇年代，一個叫杜勒斯的美國國務卿就已經明確地提出要把和平演變的希望寄託在社會主義國家第三代、第四代人身上。而今天的中國的地緣政治極為複雜，我們和十四個國家臨土相隔，和八個國家臨海相隔，即我們是和二十二個國家臨土、臨海相隔。我們每多一個臨土、臨海相隔的國家，就多一個鄰居，多一個好朋友，也可能多一份麻煩，所以在這樣一個背景下，中國是全世界地緣政治最複

雜的國家。全世界一共有七個核大國，其中四個在我們的周邊，我們要有這樣一種危機意識。另外，美國蘭德公司毫不客氣地幫助美國政府制定了對華戰略三步走：第一步是西化、分化中國，使中國的意識形態西方化，從而失去與美國對抗的能力；第二步是在第一步失效或成效不大時，對中國進行全面的遏制並形成對中國戰略上的合圍，包括地緣戰略層次和國際組織體系層次，以削弱中國的國際生存空間和戰略選擇餘地；第三步是在前兩步都不見效時不惜與中國一戰，但是作戰的不是美國直接參戰，而是支持「中國內部謀求獨立的地區或與中國有重大利益衝突的周邊國家」。習主席用了極大的努力去解決我們與周邊國家的關係問題，當然中國在這段時間以來在外交上有了重大的、革命性的、戰略性的調整和進步。

接下來的一個問題是中國的國家認同的內部障礙問題，我們看到周邊國家在不斷地給我們製造各種各樣的挑戰，而內部面臨的障礙也不少。首先是一國兩制體系中的愛國與愛港的統一問題。我去了多次香港地區，香港地區問題的複雜性絕對超出非法「占中」的表像所告訴我們的東西。其次是海峽兩岸的問題，兩岸統一尤其是和平統一的前景到底如何呢？我曾經去拜訪了臺灣海協會的會長，我鼓勵他為這件事情做出一些努力。至於要講到海峽兩岸的統一的問題，那更是一個長遠的、戰略的、全域性的問題，而且現在變成了一個根本性的問題。此外，還涉及民族、宗教等問題。最後是全球華人的中國國家認同的問題，在這個方面有很多問題需要我們做深入研究。

從價值多元化來看國家治理體系的底線與邊界，這是我們非常敏感而重大的政治問題。對此我們提出了五個問題。第一，各個「元」之間在講認同前有沒有共同的基礎，這是需要我們去尋找的，如果這

個邊界、基礎尋找不出來，我們在講認同時就沒法實現一個最大公約數。第二，不同的「元」的基點之間有多大的差異。應該說差異是非常大的，比如說所有制裡面，國有的、民營的，等等，這個差距是非常大的，它們對於中國的市場的要求、政府的要求、服務體系的要求、法律體系的要求的差距都會非常大，那麼我們應否、能否和如何通過一個有機的體系來整合不同的「元」呢？我們在前面分析了不同的「元」各自的價值合理性，然後我們要找到一個能夠把它們整合起來的體系，這樣才能夠被稱為「善治」的國家治理體系，但這一切都是很難的。第三，中國國家治理的底線在哪裡。我們面臨這麼多的地區、群體，有的群體是低收入的，有的群體是殘疾的，有的群體是非常優秀的，他們有的需要通過效率來調動積極性創造更多的財富，有的需要社會來保護他們，給他們越來越多的保障，從而使他們能夠生存、發展。但是社會應當拿出多少？高端目標在哪裡？而且我們這樣一個體系需要多大的覆蓋面、多深的包容度？這些都是需要我們來深入研究的。

　　所以，國家治理、國家認同，以及我們前面講的道德文化自覺、價值多元，其實可以彙聚為我們的結束語，那就是「認清使命，提升境界。」從方法論上來看，我非常強調我們要用複雜性思維看世界，今天的世界真的太複雜，超出我們的想像，而且這種複雜性是以不同的人群作為自己的代表的，它必須在國家的統一的管理體系中體現出來。學會複雜性思維是當代人的必修課，現在科學也不是簡單性的，超循環理論等告訴我們世界是動態運行變化的，而變化的不確定性、模糊性對人類是有挑戰的。我覺得也許中國價值能夠為世界價值提供更加豐厚的資源和材料，我們在開拓中國之道的同時也是在開拓一條

迄今為止人類所有國家還沒有來得及走過的路，這就是我們的責任，而且這也是我們的艱難所在。我們一直是摸著石頭過河，這實際上是在趟一條新路出來，這一條路是所有文明要素積極的方面的整合，當然非常之難，所以我們要提升全球化時代的文化境界，推進中華民族的偉大復興。最後，我用費孝通先生的一段話作為結束語，他強調文化，強調價值建設，他說：「各美其美，美人之美，美美與共，天下大同。」「各美其美」是指每一個人、每一個企業、每一行業、每一個地區、每一個民族都把自己發展得極美，發展到最好；「美人之美」就是要學會傾聽、學會欣賞、學會包容，要看到別人的美也是有價值的，這一點對我們今天的中國人特別重要；「美美與共」是指美與美相碰撞才能產生出更大的美，最後實現「天下大同」。我估計天下大同需要很長時間才能實現，而天下大美通過我們的努力總是可以實現的。

2014年於華中科技大學演講
陳晨晨根據錄音整理

文學與藝術

京劇的文化品格

傅　謹　中國戲曲學院教授

　　清朝的一些皇帝很喜歡看戲娛樂，只是因為在傳統社會裡戲劇是他們最豪華、最高水準的娛樂。為了給乾隆皇帝做壽，全國各地紛紛把戲班送往北京。從後來的文獻看，在當時的北京城，幾乎整個大街上都是各種各樣從全國送來的戲班。

　　清代的宮廷裡邊也有自己的宮廷戲班，但是水準不太高。一般人給皇帝演戲的時候，想的是如何讓皇帝喜歡。而宮廷演員首先想到的是不要犯錯誤，就像官員一樣不要犯錯誤，至於做什麼是好的，這是另外的事情，不犯錯誤是一條底線。可是，皇帝喜歡的東西未必是最好的東西。歷史上幾乎沒有宮廷戲班辦得很好的先例。在這件事上，古今中外，概莫能外。所以皇帝想要看好戲，得到民間和社會上去找。當乾隆皇帝做壽的時候，各地方的地方官員就把他們當地著名的戲班送到北京去。這其中做得最好的是揚州一帶的徽商。

　　在清代中葉的時候，揚州是一個很重要的碼頭和運河集散中心。南方的稻米和鹽都是通過揚州運送北京，所以揚州就集中了很多商人。而徽州人很會做生意，所以揚州就有很多富可敵國的徽商。商人也是要娛樂的，所以商人之間選戲班就成為他們的一種習慣。乾隆皇帝下江南的時候，曾領略過當地的戲班的精彩表演，記憶深刻。當地的官員為了讓乾隆皇帝高興，就讓當地的徽商把戲班送到北京。從

一七九〇年開始出現這樣的事情,而且在當時認為揚州一帶的徽班表演是最出色的。

徽班會演各種各樣的劇種。中國歷史上,包括在清代已經出現了各種各樣的劇種,包括昆曲、徽戲、秦腔等地方戲。揚州的地方戲班會演各種各樣的劇碼,既要演昆曲,也要演徽戲等其他的許多劇種。這些個戲班到北京就是為了給皇帝演出的。在很短的時間裡,相繼有很多著名的徽班來到北京,如有名的四大徽班。

徽班到北京以後,是給皇帝祝壽,並且有商人和朝廷的資助。當時清代的宮廷是每個戲班到北京會給二百兩銀子。二百兩銀子是一個很大的數目,因為在清代的時候,用五到十兩銀子就可以開店。所以二百兩銀子對戲班來說不是個小數目。但是對所有營業性的戲班來說,二百兩銀子只夠他們一段時間的經營。除了這二百兩銀子之外,徽商也會對其有所資助。但是,他們在給皇帝祝完壽之後不會立即就走,他們總是會在北京試一試有沒有市場。這樣這些戲班就慢慢在北京紮下根,而且也很受北京觀眾的歡迎,於是就漸漸成為在北京駐紮的戲班。

這些戲班裡有安徽的藝人,漸漸有湖北的藝人加入,同時也帶進了湖北的漢調。在徽戲、漢調的基礎上,漸漸就衍生出一種新的戲劇樣式,即京劇。當時還沒有京劇這一說,而是稱之為皮黃,是兩種基本的曲調。皮黃戲在北京很盛行,所以人們一般把一七九〇年看成是京劇誕生的開始。

更準確地說應該是京劇誕生的契機,因為在一七九〇年的時候,徽班剛剛進入北京。徽班進入北京並不意味著馬上就有了京劇。在北京待了四五十年之後,京劇作為一個獨立的劇種才漸漸出現。大概就

是一八四〇年鴉片戰爭的時候，京劇正式誕生。這對中國戲劇藝術來說是一個很重要的階段。現在無法知道皮黃戲什麼時候才真正誕生，和京劇有關的歷史資料也已經搜查遍了。

去年的時候，我主持編寫了《京劇歷史文獻彙編・清代卷》（共十卷）。書裡面包含了現在能夠找到的和京劇有關的所有文獻。從那些文獻裡邊找不到京劇產生的確切年份，只能發現，在一八四〇年左右，皮黃戲就已經成型，演皮黃戲的演員也大受歡迎，所以一七九〇至一八四〇年可以看作是京劇誕生的時期。因為京劇誕生是從徽班進京開始的，所以我們把一七九〇年徽班進京看成是京劇誕生最重要的時間段。二十多年前北京曾經舉辦過紀念徽班進京二百年的大型活動，演出了很多著名作品，使得整個社會對京劇有了更深入的認識。

四大徽班進京講的是民間的戲班進入北京以後催生的劇種。北京是宮廷所在地，皇帝生長於此，包括乾隆皇帝及以後歷代皇帝都喜歡看戲。清朝宮廷戲班裡最初並沒有皮黃戲，他們唱的一般都是昆曲、昆腔和弋陽腔。當時清廷規定只有昆腔和弋陽腔才允許唱。其實當時民間已經有秦腔、漢調徽戲等亂彈戲，從明末開始就已經有各種各樣的地方戲和劇種，但都被認為是比較土的劇種，而昆曲被認為是比較雅的劇種。

昆曲從明朝中期開始成熟，成為文人士大夫特別欣賞的劇種，因為昆曲在某種程度上來說代表了他們的趣味，是中國雅文化的結晶。直到今天為止，昆曲仍然是中國雅文化的重要代表，在文學、音樂和表演上都代表了中國雅文化的較高水準。

在明清時期，其文學形式有傳奇劇本，代表了明清文學的最高成就。民間的一些小說也很好，但是詩詞就比較少。文學史部分談論的

主要是傳奇。中國音樂史也是這樣，到明清之際最高的代表就是昆曲，人們會用大量筆墨去描寫昆曲。昆曲代表了中國雅文化方面的較高水準。從中國舞蹈史來看，早期的有漢唐樂舞，宋代宮廷舞蹈，明代就是昆曲。

有人說，中國的宮廷舞蹈就是雅，但是作為雅文化的舞蹈到明代就中斷了。最主要的原因是從明代開始就以昆曲的表演為主，昆曲是明清兩代最主要的藝術代表。北京舞蹈學院近幾十年來做了一項非常重要的工作，就是研究中國古典舞。舞蹈是靠一代代人來傳承的，我們現在並不知道漢唐及宋明的舞是如何跳的，只能看敦煌文獻和敦煌裡面的畫。但畫是靜態的，動態的怎麼跳也不知道。從先秦到漢唐有很多關於舞蹈方面的文獻，通過這些文獻也沒辦法說明舞是怎麼跳的。北京舞蹈學院的研究所依靠的也是古典文獻、敦煌壁畫和昆曲表演。把這三者聯合起來，研究的舞蹈看起來很古典，也很符合我們想像中古典舞的趣味。所以昆曲在中國舞蹈史上也有很重要的地位，無論是文學、音樂還是舞蹈方面，昆曲都是中國藝術雅文化的主要代表。

但是，昆曲在另一方面完全代表了文人士大夫的趣味和審美理想，它在方方面面都是文人的藝術表達。在任何一個時代和國家，雅文化都只能代表很少一部分人的趣味，其接受的群體也有限。對於大部分人來說，像昆曲這樣精緻典雅的藝術，是他們並不能接受和理解的。所以普通老百姓看戲趣味的滿足需要更加民間化的方式來體現，即從明中葉開始的秦腔來體現。從秦腔開始流傳到全國各地，一直到發展出京劇。被稱為秦腔或亂彈、梆子、徽戲或漢調的這些地方劇種，在劇碼或表演方式、音樂上都更加接近民間趣味，因而被有皇家

優越感的宮廷所排斥。因此清代宮廷只能演出昆腔和弋陽腔。

清代最初有負責演出的機構。唐代的梨園是專門為宮廷提供表演服務，培養專門的音樂藝術家的機構。清代最初的機構叫南府，後來改名為聲平署，是專門為宮廷提供表演人才的地方。他們從民間買一些小太監，培養他們的演出能力，演的主要是昆腔和弋陽腔。

逐漸地，事情就會發生變化。乾隆皇帝整日在宮廷裡聽昆曲，可是當他遊歷民間的時候，會發現民間有很多更有趣的東西，有些就是徽班唱的亂彈戲。因為皇帝喜歡，所以各地的官員才敢把這些戲劇送到北京去。昆曲之外的亂彈戲就慢慢受到北京的王公貴族、旗人、文人的歡迎。在激烈的市場競爭中，他們的表演水準逐漸提高，遠遠超過宮廷的戲班。皇帝有權享受最好的文化產品，也願意這樣做。所以當宮廷發現民間的戲班水準遠遠超過宮廷水準的時候，就會想方設法地請他們去宮裡演出。

最初，沒有什麼好的名目，就用請民間老師到宮裡教戲的方式請社會上有些戲班去宮裡演出。四大徽班進京以後，他們和宮裡的太監不一樣，這些徽班裡的藝人逐漸被請到宮裡去任教習。因為他們都是普通老百姓，所以就稱他們為零級教習。但是逐漸地，他們的主要工作就變成了專門給皇帝演戲。外面的表演者在宮裡演戲，他們的風頭也慢慢蓋過了宮廷戲班。所以大約在同治時期，宮廷戲的表演主要是在節日期間演一些場面戲。皇帝真正要看的戲則更傾向於外面的表演水準高、更加有趣味的戲。

稍晚一些，這些民間演員又被叫作內廷供奉，是一種專門的職位。比如倒馬桶的有倒馬桶供奉，洗衣服的有洗衣服供奉，理髮的有理髮供奉，是一種專門給皇帝當差的職位，有較好的賞賜。一般是在

本行業裡做得很好的人才能進宮做供奉。而且，在宮裡當供奉之後，再去外面演戲，收入會更高。

在這個過程中，有兩個重要的變化。一個是太平軍起義。太平軍起義對社會的破壞很大，也是清代歷史上遭受的很重的創傷。太平軍起義席捲大半個中國，使生產力遭到很大破壞，人口減少。

太平天國後來定都南京，而昆曲是發源於江蘇一帶。昆曲的音樂和表演形式就是江南文化的產物。歷史上清代宮廷學演戲的那些人，大都是從蘇州來的。蘇州話的母語優勢使得他們學習昆曲更加容易，唱起來也更加好聽，更有韻味。《紅樓夢》裡榮國府也是從蘇州買來十二個小孩組織戲班。從蘇州找人來唱戲，不僅是宮廷，也是王公貴族喜歡做的一件事情。

但是太平軍起義之後，蘇州一帶在幾十年間都是太平軍佔領的地方。宮廷就不能從江蘇買孩子入宮學習昆曲，所以宮裡的昆曲表演水準就開始急劇下降。以前是小孩子訓練一段時間就可以表演得很好，而且他們長大之後，會有一撥撥的人來接替他們。太平軍起義斷了蘇州孩子進宮的路，但是當起義被鎮壓之後，宮裡唱戲的太監已經太老了，所以再讓那些老頭去表演一些愛情戲就不合適。這時候宮裡的戲劇水準就更不如民間。

慈禧太后掌權對於京劇的發展是另一件非常重要的事情。最初為西宮太后的時候，慈禧和東宮太后都愛看戲。名義上是二人共同掌權，但其實是慈禧的權力更大一些。在長達幾十年時間裡，慈禧掌握著宮廷的管制權。慈禧比以往任何皇帝都愛看戲，可是她愛看的是皮黃而不是昆曲。這與她成長的環境有關。

太后和皇帝是不一樣的。皇帝是從小就定下的人選，一生出來就

是要當皇帝的。皇帝的兒子一生出來就要受到嚴格的宮廷訓練以便日後有當皇帝的資本，他們要看很多書。清朝中葉之後，皇帝要學外語，請外教，學習禮儀，而且從心裡就要接受皇家的正統思想，比如說接受昆曲是大雅的藝術。哪怕心裡喜歡的是民間喧鬧的藝術，也得在表面上裝作喜歡皇家藝術。

而皇后或太后則不一樣，沒有人生來就是太后。皇后或太后大都是長在宮外的，都是別人家的女兒。比如，如果我們現在生活在清代，女孩子大都有當皇后的可能，而男生卻大都沒有當皇帝的可能。一般在王公貴族家長大的女孩子，當她們小的時候，沒有人會把她們當皇后來培養，她們就在相對自由的環境下長大，有更多的自由去看她們喜歡的東西。而且中國傳統思想中，女孩子是要嫁人的，也不要求她們讀很多書，審美就會相對更自由、更多元，有更多的選擇空間。所以當慈禧掌權之後，她自己從小的趣味就要得到滿足。而宮人為了讓她滿意，就把宮外越來越多的皮黃戲帶到宮裡。

在慈禧執政的幾十年時間裡，宮廷中的戲劇演出從全部演昆腔戲到逐漸發展為大部分演皮黃戲，只在開頭或結尾唱昆曲以裝點樣子。到最後，甚至連裝點樣子都不要了，只唱皮黃戲。

宮廷的戲劇表演對社會上的戲劇變化造成了很大的影響。在宮裡只唱昆腔的時候，社會上一定有很多人演昆曲，一方面是為滿足宮廷的需要，另一方面是上有所好，外面的貴族也會跟風去聽。但是當宮廷裡不聽昆曲的時候，就沒有什麼可以阻擋社會上的人們去聽那些熱鬧的皮黃戲了。皮黃戲越來越成為北京城的流行劇種，這樣的變化是皮黃戲在北京急劇興盛的重要契機。一個是太平軍斷了昆曲演員到北京的路，另一個就是慈禧太后的執政成為皮黃戲和昆曲在北京城此消

彼長的重要因素。此後，皮黃戲就在北京城完全站穩了腳跟，而且開始傳播到全國各地。

京劇是由徽班帶進北京的，可是徽班在北京演出了一段時間之後，有很多來自湖北的藝人把漢調帶到了北京，這是京劇成型的一個重要契機。京劇的語言用的是湖廣音、中州韻，比較接近漢調的語言。這些不是北京話，又和昆曲江南話很不一樣，會更加有一番粗獷的韻味。這種韻味在幾十年的時間裡征服了北京的居民。這也是所謂的花雅之爭，昆曲變成了雅部，昆曲之外的劇種都稱為花部，花即通俗之意。很多學者認為，在花雅相爭的過程中，結果是雅部失勢、花部崛起。

宮廷對於京劇的繁榮發展起著相當大的作用。但如果把京劇的繁榮全部歸功於宮廷是不公平的，也是不符合實際的。北京民間的戲劇也對京劇的誕生繁榮起著特別重要的作用。從清代開始，北京就開始出現各種各樣的茶園。茶園是唱戲的地方，不是喝茶的地方，為何會得名茶園卻不太清楚。正如成都有很多的茶館，是喝茶聊天的地方。全國都有各種各樣的茶館，但和北京的茶園不一樣。

北京的茶園一定是帶戲臺的。它賣茶，但是價錢有高低，定價的標準是看戲的位置而不是茶葉的好壞。茶園裡有個檯子，上面有兩根柱子，前面會有池子。上面有廊座，人站的地方還可以豎著擺些桌子。現在很多的電影或電視劇裡邊的桌子擺放方式都是不對的，桌子不是橫著放的，清代的桌子椅子都是豎著擺的，所有的人都是彎著脖子看戲，沒有人正對著檯子。檯子有上臺、下臺兩面，靠右邊的地方價位最高。茶園裡邊京劇演員都是左邊上場、右邊下場。所以右邊的座位是最好的，據說是因為在這個地方看演員最清楚。演員一出來就

直接和右邊的人打照面，結束離場的時候還可以向右邊的人打個招呼。中間的池座是價位最高的，上面的包廂也很貴。總而言之，茶園裡坐在不同的地方價位不一樣，其依據是看戲是否方便。

茶園裡永遠不會有像樣的茶可以喝，可是能看到很好的戲。在乾隆時期，有很多個好的茶園，這些茶園就每天演戲。茶園對於清代京劇的發展起著特別重要的作用。另外有一些奇怪的制度，這些都對京劇的發展起到了重要作用。

茶園裡還有一個安轉制度。清代有很多的戲班，有好有壞，就像茶園也是有好有壞，另外還有一些低檔的演出場所。京劇或昆曲演員可以到茶園裡來唱，賺的錢就比在茶園外面多。因為京劇難學，要吃苦，所以得到的回報就比較多。每一個健康的社會都是這樣的，一分耕耘一分收穫，東西難學，那麼學會之後就應該得到更高的報酬。

因為戲班有很多，他們必須要到茶園去演出。清代有一種規定：辦戲班的人不准開設茶園，即戲班和茶園不准兼營。比如湖北京劇院另外兼營一個劇場，這在清代是要坐牢的。因為湖北京劇院有了劇場之後，他的劇場就霸著演自己的戲，不演戲的時候就空著。回頭發現開傢俱店更掙錢，他就會把劇院租出去，自己不演戲了。所以，劇團和茶園之間的規定很有效率。

清朝的規定使得戲班和茶園之間一定發生經濟關係，這種關係是一種雙方制約的關係：戲唱得好，茶園的收益才高；如果不好，茶園就拒絕接受這個戲班。不像我們現在的劇團有自己的劇場，演得再不好也可以在裡邊演。這就使得辦茶園的老闆一定想方設法去做好經營，他會努力去吸引觀眾，去賣票，因為沒有戲班想在他們唱戲的時候沒有人聽。同樣，戲班也會努力把戲唱好，因為唱得不好，觀眾不

喜歡聽的話，茶園收入就不好，也就不會請他們去唱戲，他們也就會沒有收入。

因為清代規定一個戲班不能老在一家茶園唱戲，所以大家之間就組成一個像梨園公會之類的組織。戲園之間互相有聯盟，並且相互談判，制定制度：每一個戲班在一個戲園裡邊演三到五天的戲，然後必須換到下一個戲園去演出。這就是所謂的安轉制度。比如一共有六個戲班、六個茶園，那這六個戲班就會連軸轉。如初一到初四是甲方演，初五到初七是乙方演，那麼初八到初十的時候，甲班再到別的地方演。

安轉演出是一個非常殘酷的制度，也存在非常激烈的競爭。每個茶園在一個月之內都要接五六個戲班。這戲班演得好不好，茶園和戲班之間是分成的。如果是三七分成，茶園占三成，戲班就占七成。每天都是這樣，戲班和茶園的老闆幾乎每天都要這樣算帳。如果茶園的經營能力強，戲班又好，那麼觀眾就多，收入就好。三五天之後，當這個戲班到別的茶園去表演的時候，就會帶著名聲一起去。相反，如果戲班演得不好，就會難以繼續發展。所以不斷輪轉就不斷刺激各個茶園提高其經營水準，也不斷讓演員提高其表演水準。如果三轉兩轉，這個戲班到處都不賺錢，那下一次連轉的時候就會被踢出去，茶園也不會同意讓這個戲班來演。這是促進清中葉以後京劇發展很重要的一個制度，直到庚子政變之後這種制度才廢止。而這時京劇的發展已經是蔚為大觀，老百姓的商業和藝術智慧在京劇的發展過程中起了很重要的作用。

除了安轉制度之外，北京還盛行堂會制度。一些名角經常會被叫到宮裡去演戲。可是北京城除了皇帝之外，還有很多的王爺和達官貴

人。受宮廷的影響，有很多王爺也想把演員請到自己家中表演，於是堂會之風逐漸盛行。

而在王府唱戲和在茶園唱戲是不一樣的。舉辦堂會的名目是不多的，比如祝壽等，一年只有一次。所以舉辦堂會的時候，一定請的是很好的演員。演員平時是分在戲班的，而戲班是要營業的。如果把演員一個人弄出來，那麼戲劇的演出就會受到影響。所以必須要給這個演員超額的回報，演員才會同意。要不然人家在戲園待得好好的，大家有錢一起賺，現在你把我團裡最好的角給弄走了，那麼剩下的那些人的生意會受到影響，收入會下降。所以一般會給他們比在茶園唱戲時更多的報酬。好在王公貴族有錢，不惜花大成本將名角請到家裡去，所以慢慢地就形成了攀比的風氣。

當你能夠把名角請回家的時候，是一件很體面的事情。因為很有面子，所以當某王爺辦了一次風光的堂會之後，剩下的王公貴族也會想，我也要把這些名角請回家唱一齣。在這個攀比的過程中，演員的收入就會越來越高。因為越往後的人需要更多的錢才能請得到這些名角。京劇演員收入的提高使得越來越多的人願意把自己的孩子送去學習京劇。

儘管京劇的學習是一件很苦的事情，但是當京劇演員的收入越來越高的時候，這些人就願意讓自己的孩子去學習京劇。於是這方面的儲備人才就越來越多，越多人學就越容易出好角。當所有好的演員都集中到一個晚上演戲的時候，演員之間的互相攀比、互相競爭也就越來越激烈。大家互相在一起唱戲，清末以前都是下午唱戲，有人得的錢多，有的人少，就會有人不舒服，也會讓人去提升自身的表演水準，這種互相間面對面的競爭是一種直接的刺激。所以這種堂會之風

也間接促進了京劇的發展。

在中國，沒有另外的地方可以讓一個劇種在如此短的時間裡提高其藝術水準。京劇在不到一百年的時間裡就成為極有競爭力的劇種不是偶然的，這是宮廷以及商業市場和堂會共同促成的。

那麼京劇到底是什麼呢？如何從文化上去理解？京劇和昆曲是不一樣的東西。其中最主要的不同，從內容上來看，是題材不同。昆曲是文人士大夫的創造，充滿了文人雅趣。從明初以來，文人雅士就致力於昆曲的創作，留下了很多經典的作品，包括《牡丹亭》、《琵琶記》、《浣紗記》、《長生殿》、《桃花扇》等著名的作品。這完全是文人式的。還有很重要的一點是，文人寫昆曲是為了表達自己的情感，而戲是給普通老百姓看的。這就像文藝小說和寫實小說的區別。在作協的很多成員中，他們寫書是為了表達他們內心的世界，表現自我。但是有很多寫手，他們寫書主要就是為了寫給老百姓看的。這兩者之間，在某種程度上就可以看作是昆曲和京劇的區別。

中國有悠久的文學史，可以分成兩大部分。一部分是從《詩經》、《楚辭》到唐詩宋詞，一直到明清傳奇。這些文人的寫作，在文辭上精雕細琢。可是文人寫作的消費對象是一個很小的群體，主要是文人群體。除此之外，中國還有很重要的一類文學，就是通俗文學。我們中國文學沒有史詩，中國文學從先秦一直到唐宋，沒有長篇小說。中國的長篇小說是到明代之前才有的。而中國的老百姓和世界各地的老百姓都是一樣的，他們是要聽故事的。

講歷史故事一直都是很受老百姓歡迎的事情，可是中國從隋唐開始，也很可能從漢代開始，就出現了一批講故事的人，即說書講史的人。他們將很多歷史上的事件演繹成生動的故事，比如《封神榜》、

《三國演義》、《水滸》、《楊家將》等民間故事。以前的中國文學史是不講這些的，一直到胡適之後才重視這些東西。

很多人知道《三國演義》是羅貫中寫的，對吧？但是，這是不準確的，羅貫中怎麼可能會寫得出《三國演義》呢？《水滸傳》也不可能是施耐庵寫的。由他們單獨寫出這些故事，是一點可能都沒有的。這些是唐宋年間說書藝人講的，老百姓進行演繹，說書藝人一代代地講，到了明清年間，其中有人把某種文本、某種講法記錄下來。羅貫中、施耐庵充其量是故事的整理者，而這些故事本身，已經在幾百年間廣泛流傳。其實沒有人能單獨寫出《三國演義》、《水滸傳》那樣的小說的，那是超出了文學家的能力的。這些名著其實就是無數代說書藝人能力和想像的結晶。而從唐宋以來，說書講史就是說給老百姓聽的。老百姓先是在茶館聽故事，後來一直發展到評彈、梅花烙等，是一脈相承的東西。

民間的說書講史有將近兩千年的歷史，這些故事的寫法與文人詩詞不同，其傳奇性、故事性很強，充滿了老百姓對歷史的理解、對政治的追求。就像關雲長桃園三結義的故事，諸葛亮七擒孟獲的故事，一定是一代代的藝人，在說書的過程中，慢慢豐富起來，添枝加葉，才形成後來的故事。

楊家將的故事有一點宋代的影子，可是在之後將近一百年的時間裡，這個故事就被說得沒邊沒沿，被編出了很多荒誕的故事。但是這樣的故事很有吸引力，百姓愛聽。因為這裡邊不僅包含了普通老百姓的倫理道德，還包含了普通老百姓對歷史、對愛情、對婚姻、對民族關係的理解以及對政治的理解。

老百姓對政治、軍事、文化的理解全部都融合在裡邊。它們不是

一個人的創造，而是無數人的創造。這些故事好聽好玩，所以從宋代開始就被搬上了舞臺，即宋元南戲，寫的是老百姓的故事。可是到傳奇的時候，不對等。傳奇全是文人自己的創作，很少採用民間故事。所以昆曲裡面的故事和老百姓是有距離的。

民間的說書講史符合老百姓的趣味。這些說書講史到宋代南戲登上舞臺一直到明清的傳奇，就是從秦腔到傳奇的故事，他們演繹故事的方式就是說書講史，而且這些地方劇種在音樂上更接近民間。文人從唐代寫格律詩、宋代寫詞到明清寫曲是一個一步步深化的過程，詞比詩難寫，曲比詞難寫。對於文學的音樂性來說，詞對音樂性的要求超出了詩，而曲對文學性的要求則超過了詞。尤其是明清時代要講究才情，戲寫四五十出，如此長的一個文本，每一個遣詞造句都得符合嚴格的格律，這是一個很有挑戰性的事情。所以不誇張地說，現在已經沒有人會寫昆曲了，再也沒有人知道如何把一支曲子寫得工工整整、像模像樣，更不用說寫五十出戲，有幾百個曲子，每一支曲子都要符合格律，而且每一處還都要通暢，還都要像那麼一回事，故事情節也要符合邏輯。

寫傳奇是一件很難的事情，文學總是在不斷發展。儘管我們在說的時候講技術，但是對於任何一門學科來說都是這樣，文學也是這樣。寫小說也是需要技術的，只是很多時候，我們在書中已經不自覺地接受了。在寫詩、寫詞的時候，沒有人不需要訓練，不經過刻苦學習就能寫曲是不可能的。從唐代一直到明代為止，有無數的文人在寫傳奇的技術上，提到了一個很高的水準。寫傳奇是一件很難的事情，藝人們不會，老百姓就更不會。

所以百姓就用了他們最喜歡的方式，如簡單到兩句程度的音

樂——兩句曲。在湖北，黃梅戲其實兩句也是一句的上下句，等於說是詩的平平仄仄平，仄仄平平仄上下兩句，組成一聯。從秦腔開始，音樂變成最簡單的東西，上下句，七字句和十字句上下對偶。當然，漢調皮黃是最簡單的東西，可以說是兩句，也可以說是四句，這四句音樂千變萬化，裡面加點花，就演變成很多的東西。可是它基本上是兩句，因為就只有兩句，所以藝人們一天到晚就唱這兩句，以這種簡單的音樂形式來唱老百姓可以接受的故事。現在有很多流行歌曲，裡邊所包含的口水歌使人一聽就會，所有的口水歌都是簡單的，沒有複雜的歌能夠流傳的。所以很多做音樂的人看不起流行歌曲，因為流行歌曲在音樂上很簡單。

但是反過來說，簡單的東西才能流行。從秦腔到皮黃就是這樣，音樂簡單，故事簡單，敘事方法簡單。所有偉大的東西，外在的事物不重要，重要的是能直擊人心。偉大的藝術不在於用的方式是簡單還是複雜，而在於能不能觸動人內心深處最柔軟的地方。無數的藝人，從秦腔到皮黃，就是用這種簡單的方式打動了千千萬萬的人。因此，說它們通俗也很通俗，說樸實也很樸實，而且有時還很喧鬧，但這仍然是很好的藝術。

相反，像寫昆曲的這些藝人，他們過於注重文字上的精雕細琢，過於注重他們會識字修飾的優越感，而忘了文學真正重要的是什麼。湯顯祖的《牡丹亭》千古流傳，在人類藝術史上很難比擬。但是，有的人覺得《牡丹亭》這部戲寫得過分矯情，沒有必要把每句話都寫得像朦朧詩那樣。所以很多人不理解是正常的，很多藝人在演出這部戲的時候想改也是有原因的。

我認為，昆曲很偉大，可是昆曲和京劇確實是兩類不一樣的東

西。從秦腔到皮黃，這種質樸的東西也能夠產生出偉大的文學作品。有很多戲劇，像《四郎探母》，是很荒唐的故事，裡邊也有漏洞，有很多說不清楚的東西，但是它同樣能打動人。比如說游龍戲裡邊說皇帝和村姑的故事，聽起來很有意思，但是稍微懂歷史的人就會知道那是不可能的：皇帝是不可能一個人出去的，怎麼可能還去找一個村姑，還去調戲村姑。皇帝是沒有機會來做這種浪漫的事的，他也見不到村姑。從正統文人和歷史的角度來看，這些都是非常荒誕的，可是它裡邊傳遞的是老百姓喜歡並且願意接受的價值觀，而且用老百姓喜聞樂見的方式表達出來。因此京劇大量運用這些說書講史的通俗題材，從這個角度說，京劇完全可以代表中國民間文學的魅力。

和《三國志》相比，《三國演義》已經做了相當大的改動，主要是向民間文化的方向改動。在戲裡邊，傳奇性更加明顯，距離真正的歷史越來越遠，可也正因為如此，其趣味也從此生發出來。這樣的題材是京劇所喜歡的。在京劇發展並提升自己的文化品質的同時，逐步受到昆曲的很大影響。最初的徽班的那些人也無不以自己會唱昆曲為榮，尤其到梅蘭芳時，他自身演過很多昆曲劇碼，也為此感到自豪。總之，京劇的題材是高度民間化的。

京劇其實和中國大部分的劇種都不一樣，它是折子戲。昆曲一部戲往往是四五十出，這四五十出戲往往是一兩出一演，很少有整本演的。所以昆曲就形成一種習慣：一出出地演戲。比如一個單位時間的戲，在這部戲裡面選擇一兩出，在另一部戲裡面再選擇一兩出，構成像現在晚會這樣的形式。但是中國大部分的地方劇碼都不是這樣的，例如秦腔、漢調、徽戲、黃梅戲等都是演整本戲，唯有折子戲是這樣演的。

京劇演折子戲對於京劇表演藝術的提高其實是很重要的。昆曲的表演藝術性強，所以和唱折子戲無關。折子戲一部是四五十分鐘或者半個小時，一個演員一次只能唱一齣折子戲，京劇也是這樣的。比如梅蘭芳演戲，並非從頭到尾一直都是他，可能只是到最後他才會出來，前面都是別的人演，叫墊戲，演的別的折子戲。他只演四五十分鐘戲中的三五分鐘，因此一定要在這短短的時間裡把他最好的本領拿出來。所以，相比較而言，昆曲的演員比其他戲劇的演員要閑得多。因為閑的時間多，所以更加能夠去精心打磨自己的劇碼。其他劇種的演員恨不得全年都在演戲，成天泡在舞臺上，所以他們的舞臺經驗很豐富，有很多的創造。但是就藝術的精緻程度來說，京劇和昆曲更能夠提升他們的精緻度。

　　京劇是以演折子戲為主的，所以在其成長過程中，在表演上有很多的精緻表現。當然，在後來的連臺本上，比如三五十集的連續劇，每天晚上演半個小時左右，前面照樣有墊戲。這種表演方式對於提高京劇的表演藝術水準有很大的作用。這種特殊形式很別致，從後來的情況來看，這種形式是有效果的。但是最初人們不是由於這種原因去創作這種方式。從這個角度來說，京劇是一個以老生為行當的重要劇種。

　　京劇中有很多重要人物，像張庚，一直到譚鑫培，都是老生演員。在京劇的發展過程中，老生都是最重要的演員。老生扮演的一般都是較為成熟的男性，像政治或軍事上比較重要的一些角色，這和京劇說書講史的題材有關係。說書講史一般都是大量的英雄傳奇、宮廷傳奇、政治故事。而且政治故事非常多，這和昆曲不一樣。昆曲是以聲帶行，老百姓愛看，也更加熱鬧，喜歡這種家國情懷的作品。從秦

腔到京劇就適應了老百姓這樣的需求，所以秦腔、漢調、昆曲、梆子等都以老生為主。老生才能體現宏大的氣勢，才適合表達那種宏大的政治軍事題材。因此老生在京劇裡邊的重要性是和此類題材、風格緊密相連的。

但是京劇裡邊，從梅蘭芳所處的時期開始，青衣演員開始成長起來，也成為一個有影響的角色，可以說梅蘭芳是京劇演員裡在世界上最有代表性的演員。但是在梅蘭芳那個時代，他也不會認為自己是青衣的代表人物，而是譚鑫培。他自己不會認為他就是京劇第一號，是因為在京劇這個藝術形式裡邊，老生是最重要的行當。當然京劇還有其他的一些重要的行當，如老旦、花臉、小生、花旦等。

我曾說過一段話，關於梅蘭芳表演藝術體系的問題。世界三大表演體系，只是隨口說說而已，世界上其實沒有什麼三大表演體系。因為表演體系有很多種，絕不止三個。梅蘭芳體系只有我們中國人自己說，走出中國沒有人知道三大表演體系是什麼。梅蘭芳很重要，是京劇最有代表性的演員，但是代表中國戲曲水準的還是昆曲。有很多人未見得喜歡昆曲，但昆曲是中國雅文化的代表，最能代表中國表演美學的水準。

京劇演員大都把昆曲當成最高目標，去向昆曲學習。二十世紀以來，京劇的影響力比昆曲大。京劇裡邊最重要的表演行當是老生而不是青衣。昆曲是中國戲劇的最高水準。如果說有人能夠代表京劇，那就是譚鑫培，而不是梅蘭芳。這是因為譚鑫培在那個時代是京劇走向巔峰的傑出代表。但是，梅蘭芳是中國戲劇在世界範圍內最有影響的人物。就藝術高度上來說，還是譚鑫培的藝術水準高。清末有一個琴拉得很好的文人，他是最早對譚鑫培進行研究也是這方面極有成就的

人。他說：「在京劇老生的發展過程中，譚鑫培是一個巔峰，在他之前沒有像他這樣高成就的人，在他之後，再也沒有。」他之後，有無數人學他，有「無腔不譚」的說法。其實譚鑫培對京劇的影響遠遠不止老生這個行當，他在美學上是一個象徵性、代表性的人物。梁啟超曾給他很高的評價，說「四海一人譚鑫培」。以梁啟超這樣的地位來捧一個人，是非常難得的。

最近我有一篇文章講的就是譚鑫培，認為譚鑫培是中國古代文化在清代的典型代表，他特別代表了中國傳統文化的那種像杜甫那樣沉鬱頓挫的風格，杜甫就是從《詩經》、《楚辭》一直過來的那種美學追求的代表。這種風格到譚鑫培這裡再次出現。譚鑫培所演的戲都很特殊，他的聲音很粗，嗓子不是特別的高或亮。在歌劇裡邊，帕瓦羅蒂的聲音很高、很響，是偉大的歌劇演員。戲劇追求聲音洪亮、高雅，是人類所能達到的極限，而帕瓦羅蒂唱起來舉重若輕。唱得好分為高難度和低難度，真正難的是唱得態勢不高可是韻味在。

在譚鑫培之前，整個京劇的演唱也追求唱得響和亮。以今天為例，我們在劇場裡聽到演員唱得響和亮，我們依然會感興趣。但是真正能勾起情感的是那種更具有穿透力的磁性的聲音，這樣才能唱出人心靈深處的感覺。譚鑫培是唯一以演失敗者成名的藝術家。他演過很多的失敗者，如《秦瓊賣馬》。《秦瓊賣馬》是一個典型的失敗者的例子。秦瓊是隋唐時期很著名的少年才俊，長得好，功夫高，出身好，是一個大英雄。譚鑫培唱得最感動人的地方是，他表現了秦瓊最落魄的時候，一個大英雄，落魄到沒地方住，付不了住店錢，只能賣掉心愛的戰馬。馬對當時的英雄來說意味著一切，他唱的就是秦瓊賣馬，英雄末路。所以，在這裡洪亮的聲音不合適，而譚鑫培低回婉轉

的聲音正表現出了這種無奈，在當時感動了千千萬萬的人，成為京城一代名伶。

中華文明五千年一直很輝煌，而恰好譚鑫培生活在那個年代，找到了那個特殊的點而讓千千萬萬人感動。他所表達的這種情懷在京劇歷史上沒有人能和他相比。偉大的藝術家之所以成為偉大的藝術家是需要機緣的，他在當時正好唱出了這種東西，而這之後的人也再也沒有這種機會了。有人說譚鑫培是亡國之音，唱的就是清帝國面臨滅亡時的感慨。

上海、天津、武漢對京劇的商業化推廣是北京所做不到的。上海創造出了和北京的茶園完全不同的商業模式，所以使得京劇在清末民初的時候呈現出繁榮發展的態勢，成為人們生活中極重要的一種生活方式。大量的唱片在全國各地流傳。電影業之所以進入中國，就是借助了京劇的力量。早期的唱片公司大都以能夠錄製京劇名家的唱片為榮。找到京劇名家，唱片就能賺錢。早期的電影公司也是如此，通過找名家，把他們演的劇碼拍成電影來賺錢。早期的廣播業也是這樣的，各地方的廣播電臺都以能請到名家去演唱為重要的商業手段。整個二〇年代上半葉，京劇在國內的影響非常大。

梅蘭芳一九三〇年出國訪美和一九三五年訪問蘇聯，這兩個事件是中國傳統藝術跨文化傳播非常成功的範例。梅蘭芳訪美的成功是無與倫比的，有兩大因素的推動。在中國，胡適在新文化運動時罵京劇罵得很凶，但是他和梅蘭芳後來成為私交很好的朋友。梅蘭芳在去美國的輪船上親筆給胡適寫信。很多人認為胡適是新文化運動的領袖，所以他對京劇是不感興趣的，事實絕非如此。在梅蘭芳訪美事件上，胡適是第一大推手。司徒雷登回美國之後，就和胡適共同發起了梅蘭

芳訪美，共同籌畫了這一事件。由兩個國家的在政界和文化界極具影響力的人來籌畫，是梅蘭芳訪美成功的最主要的原因。

在梅蘭芳訪美期間，美國的戲劇評論家寫了很多文章，也有很多被翻譯了過來。如果一種文化交流能夠讓對方的主流文化關注，這是很厲害的事情。梅蘭芳訪美期間還被兩所大學授予大學學位。他每到一個地方去，都是這個地方的市長來接待他，或者陪他一起來接受市民的歡迎。梅蘭芳的訪美演出不掙錢，而一九三〇年正是他最紅的時候。這不是成功的商業演出，可這是最成功的文化交流演出。

梅蘭芳一九三五年的訪蘇演出也非常成功。當時蘇聯和中國的關係很微妙，在一定程度上梅蘭芳是作為一個使者去交流的。和去美國不同，這不是一場商業演出，可是在蘇聯期間，他和蘇聯的重要戲劇家、學者以及世界著名導演愛琴斯坦，一起組成了一個極豪華的委員會。愛琴斯坦寫了一篇很長的歡迎詞。蘇聯的大文豪高爾基、托爾斯泰都和梅蘭芳有很深的交往。這也是一件很難見到的事情。

之前的交流演出，幾乎見不著那個國家主要的文化名人，沒有機會和他們那邊的藝術家坐在一起進行平等的交流。可是梅蘭芳做到了，而且真正影響到了二十世紀的世界當代戲劇。三大表演體系中的布萊希特當時就在莫斯科看了梅蘭芳的演出，當時他以為他看懂了，回到德國之後，他首先建立了一個戲劇體系。布萊希特在整個二十世紀西方戲劇界中特別有影響，而他之所以創造這個體系，是由於直接受到梅蘭芳的影響。所以梅蘭芳是二十世紀上半葉影響世界藝術發展的藝術家。他之所以能夠做到這一點是因為他的訪蘇演出，所有的這些都能說明梅蘭芳訪蘇的成功。

二十世紀，京劇有很多的發展變化。從宏觀意義上說，京劇是雅

俗融合、南北交匯而成的，京劇不是一個時代的產物，也不只是一種產物。它既不是俗文化也不是雅文化，既不是南方的代表也不是北方的代表，既不是傳統的也不是現代的。

2012年於華中科技大學演講
牛婷婷根據錄音整理

中國戲曲藝術的當代命運

鄒元江　武漢大學哲學學院教授

　　任何藝術的發生，都有不可抹殺的地域性特點。什麼叫文化藝術的地域性？漢代班固在《漢書·地理志》中曾有這樣的論述：「凡民函五常之性，而其剛柔緩急，音聲不同，系水土之風氣。」這就是我們經常講的水土與一方人特定的氣質、聲音、音樂、語言等的關係。這個思想到了宋代在莊綽的《雞肋篇》中也有進一步的發揮，「大抵人性類其土風。西北多山，故其人重厚朴魯；荊揚多水，其人亦明慧文巧，而患在輕淺。」這裡就涉及一個很重要的問題也就是國學大師劉師培講的，他討論文學先討論南北方的差異，「大抵北方之地，土厚水深，民生其間，多尚實際」。為什麼這樣說？北方要挖很深的井才挖到水，土裡很難長莊稼，民生艱難，所以這個地方的人考慮問題都非常實際，他們首先考慮的是怎樣填飽肚子，不可能像南方一樣多尚虛無。正是這樣地域性的特點，我們才說一方水土養育一方人。其實，不同地域養育的人，在脾氣、性格、唱腔、舞蹈等方面都是很不同的，比如說四川，除了吃辣他們也吃麻，因為他們處於盆地要除濕，麻辣就是四川人性格的一種體現。所以不同地域的人，他們的唱腔、語言就很不一樣。為了說明這個問題，我們來聽一段。

　　各位，你們覺得這是什麼劇種？晉劇，這是著名的晉劇表演藝術家王愛愛的演出。山西老鄉聽到王愛愛的演出，無人不喝彩，為什

麼？因為她就是三晉大地養育出來的兒女，故鄉的歸屬感、泥土的氣息撲面而來，一種鄉音、思鄉的感覺隨之而來。這種唱法完全沒有修飾，完全就是泥土味，這就是大西北的唱法。我們再來聽一段，這是豫劇，馬金鳳唱的最拿手的《穆桂英掛帥》，這跟剛才的晉劇也不同，他們是中原人，他們很樸實、忠厚、友善，這種地域性的特點表現在唱腔裡，它的節奏感極強，我們可以感受到當地一方水土的節奏。我們再來聽一段，這是昆曲青春版《牡丹亭》，由白先勇策劃並且已在國內演出了三百場。很明顯，昆曲和前面的晉劇、豫劇在唱腔上就有很大差異，這種差異顯現出西北、中原和江南不同的水土地域的風氣差異。在語言上，蘇州人的吳儂軟語十分好聽，它的節奏感非常舒緩，其實它叫水磨調，水磨調就是用水草慢慢地磨磨盤，非常溫情、柔和，這樣的演唱無煙火氣，很有詩意和美感。昆曲是中國戲曲的祖先，已經有六百多年的歷史，它影響了後代的所有戲曲。這就和當地的風情、語言有密切關係。我們知道蘇州不僅僅是昆曲具有詩意，它的飲食也非常細膩講究，它的服裝水袖也是美輪美奐。在這樣一個魚米之鄉，人的想像力得到了極大發揮。它與北方的溫柔敦厚是不同的，它凸顯的是每一個人的個性，而北方的藝術家更多的是體現群體的特點。

　　這就是所謂的地域性，一個地方的發展往往取決於地域的多樣性，地域文化的多樣性就保證了這個地方文化生態發展的健康性。近代如果沒有被西方列強的大炮打開大門，中國的戲曲將這樣生態性地保持著一種平和。但是隨著堅船利炮的進入，它對中國原有的戲曲文化生態帶來了很大的衝擊，這種衝擊來自各個方面，中國的戲曲文化已經不可逆轉地被西方文化所閹割和改變，甚至是不可逆的。豫劇本

身也是很豐富的，但我之前去河南大學參加活動時了解到，這個原本有三十八個地方劇種的戲劇大省，很多地方戲劇已經沒有劇團了，只能靠民間組織延續。近三十年來，這種情況越來越讓人擔憂。這就是我今天要講的三個問題：第一個是瀕危戲曲的現代化，第二個是戲曲藝術的話劇化，第三個是地方小戲的大戲化。

我先講第一個問題。我們知道中國戲曲是聯合國教科文組織所提出的一個具有特殊價值的非物質文化遺產高度集中的戲曲樣式，它以獨特的方言俚語、民間唱腔、俚趣調笑來呈現精彩絕倫的地域風情，正是地域風情使戲曲具有其自身的豐富性。這裡請大家注意三個關鍵字，也是聯合國教科文組織提出的關於文化保護的三個關鍵字。第一個就是文化空間，這個文化空間需要特定的場所來讓它延續，而這個特定場所是必須有傳承人的，也就是活的文化，這是保證非物質文化遺產健康發展的前提條件。我們現在來看一個文化空間，這是江西的廣昌孟戲。這個戲種傳承了五百餘年，而且是專門唱孟姜女故事的戲曲，最讓人驚訝的是它唱海鹽腔，我們知道它與余姚腔、弋陽腔、昆山腔並稱為明代南戲四大聲腔。它是一九八〇年被流沙先生發現的，這個劇種一年只在春節演出一次，而且只對著祠堂演出，平時沒有演出，所以它被發現是很無意的。這延續了五百年的戲曲，每年只在一個特定的時間與地點演出一次，然後一直延續下來。而在一九八〇年之前，政府部門是不知道的。二〇〇九年，當地政府邀請我們這些專家到廣昌，當地政府花了幾萬塊錢為這些名不見經傳的孟戲演員買了行頭，並且專門從省裡請了戲劇家給他們排練。可我們要看的就是這原生文化的樣態，原本什麼樣才是最珍貴的，現在這樣就閹割了戲曲文化的原來樣態，它已經不是傳承了五百年的戲劇樣式了。我們在臺

上看到的東西都非常華麗，而在臺下，我們發現了它的打擊樂，也就是嗩吶。這種嗩吶已經有二五〇年歷史，它的每一個眼中間都裂了，這是很古老的一種嗩吶，說明它的延續性是非常長的，只有在文化相對落後的地方才能保留下來。我們去一次請求一次，希望當地政府千萬不要好心辦壞事，破壞文化原本的樣貌，而且按照聯合國教科文組織的要求，在這個文化空間直徑的四百米以內是不能有現代文化建築的。但政府考慮的是經濟效益，經常好心辦壞事。

　　不僅僅是政府，我們學界也有很多問題。二〇一一年二月十一日，余秋雨在人民日報發表了一篇文章《淘汰騰出創新空間》。他認為文化淘汰不是壞事，他的觀點是要做減法，而減法的標準是什麼呢？第一，非常重要的；第二，觀眾喜歡；第三，能夠通過賣票養活自己。余秋雨是一個文化名人，而且他曾任上海戲劇學院的院長，他這話一出便在文化界引起軒然大波。緊接著我就在三月二十一日的報紙上發表文章《繼承永遠是創新的前提》。在這篇文章中我主要談了三個問題：第一，淘汰的標準是什麼？第二，選擇的尺度又是什麼？第三，創新的前提是什麼？首先是關於淘汰的標準的問題，按照余秋雨先生的說法，觀眾喜歡而且能靠賣票養活自己的就要傳承，否則就要被淘汰，顯然這個觀點是站不住腳的。我們剛才看了江西的孟戲，孟戲很明顯不是靠賣票來維持的，它不是演給老百姓看的，而是演給老百姓的先祖看的，它主要是娛神而不是娛人的，不以人的觀看為主要目的，這是對先祖的一種敬畏，這樣的演出就帶有宗教祭祀的意義。

　　這是海鹽腔的托腔方式，當地的老百姓之所以能夠連續五百年在特定的時間、地點一直演唱，肯定是孟姜女的故事與當地一方水土的

老百姓有扯不斷的關係。秦朝時期那些修長城的老百姓中肯定有當地這一方水土的人的祖先，這批人逃到了廣昌，他們忘不掉自己祖先這段痛苦的歷史，所以他們用孟姜女哭長城的故事來緬懷先祖，這是對自己祖先的一種祭祀、崇拜和緬懷，所以這是不能賣票的，也是可以沒有觀眾的。當地政府接受了義大利民間藝術文化節的邀請，但是關於要不要出去演出，在當地群眾之間發生了很大的爭執，是恪守古訓還是貪圖利益呢？有一個村的官員去了，回來後趾高氣揚，但是這種戲曲離開它原來的文化空間，它的性質就變了，就失去了活力。它是一種莊重的儀式，而不是賣票給觀眾看的。有一次我講到這個故事，歐洲的一位學者就站起來向我鞠了一躬，他說他們太傲慢，破壞了這種文化的原生態，他們會號召學者到江西廣昌的村莊去觀看這種向祖先祭祀的儀式。如果我們對祖先都不敬畏，我們又如何保護文化？其實文化的原生態包含著一個民族的文化之根，如果破壞了文化之根，那麼文化之脈、文化之魂就沒有了。一味追逐商業化，文化就沒有了對靈魂的安頓作用，孟戲就是這一方水土的人民每年安頓自己靈魂的一次機會。其實像這樣的文化空間在全國還有很多，比如在湖北秭歸縣也曾經發現過一個花鼓戲，它在新中國成立後歷次文化普查中都未被發現，在二〇〇八年無意中被發現，隨後便震動了中國。二〇〇八年奧運會時，它成為唯一一個被邀請參加的地方文化遺存，但是隨後當地政府將它改為秭歸花鼓戲，這是對文化的極不尊重。如果說都按照余秋雨的標準，我們多少文化就可能被淹沒掉，我們上千年的文化傳承之脈也就斷了。

　　第二個問題，選擇的尺度是什麼？戲曲藝術從宋朝開始發祥，到現在已經有一千多年，它是在中國文化的高峰形態裡形成的，它包括

傳統文化的各個方面，它有很多的文化形式，所以對戲曲的研究不僅僅是對舞臺表演的研究，也不僅僅是對戲曲文學的研究，它的研究涉及心理學、宗教學、考古學、人類學、服飾學等各個方面。我曾經訪問柏林大學，一位專家告訴我，他們的戲劇專業每年要培養三十個戲劇學博士。我大吃一驚。他說他們的博士絕大部分並不一定到劇團裡面，比如說奧巴馬競選，他一出場非常有魅力，他的姿態、動作都是一個戲劇學博士團隊設計的；他怎麼展開一個話題、怎麼用例證支撐，這都是戲劇人類學團隊策劃的。這就回到了戲劇學原本的人類學的範疇。我們知道最初人類是沒有語言的，主要靠肢體來交換資訊，這便是最初的人類表演，其實我們每天都有這種表演，每個人每天都需要以良好的精神面貌示人，人們每天都要以某種角色的扮演者而出場。荀子把這叫作「化性起偽」，這不是一個貶義詞，這就是說，你真的作為一個人出場，就需要將自己裝扮成一個角色。比如說，你是一個老師，你就需要具有老師的修養。這是對職業的一種敬畏，也是你作為角色的一種表現，這就是戲劇人類學。對戲曲的理解並不只是舞臺上的表演，也不僅僅是對戲曲文學的研究。日本的田中伊藤，他在二十世紀七〇年代末一直到現在，幾乎每年都要到中國偏遠地區調研，他在一九八五年寫了一本書關於在中國祠堂裡進行表演的戲曲的書，緊接著，他又出了一本書叫《中國戲曲史》，將他在中國進行四十年的考察進行整理。非常令人遺憾的是，國內戲劇學界很多年輕的後生不能理解這位老先生的做法。我們過去把戲曲作為階級鬥爭的產物，唯獨沒有想到它是一種祭祀文化的表現。國內有幾個年輕的後生寫文章批駁老先生，引起了軒然大波。我們戲曲理論界太狹隘，我們覺得戲曲就是舞臺上的表演，其實戲曲包含著許多複雜的文化內

涵。

第三個問題，創新的前提是什麼？「創新」這個詞絕不是任意而為的，只有那些有造詣的藝術家才有這樣的特權，不是任何存心改革的人都有特權。我們之所以說梅蘭芳是戲曲大家，是因為他是真正對戲曲有造詣的人，而這個造詣的獲得是極其艱難的。梅蘭芳為了讓自己的身體更加平衡穩定，他站在磚頭上，一站就是一炷香的時間，這是非常辛苦的，但正是這樣的練習讓他的身段非常完美。梅蘭芳曾有一個毛病，就是眼睛自然往下耷拉，為了讓眼睛有神，他就養了一群鴿子，看鴿子飛翔，鍛煉自己的眼睛往上走。經過不斷努力，他的唱腔、身姿變得更完美，梅蘭芳就是靠這樣的毅力，才成為一代大師。只有像梅蘭芳這樣的人才能創新，可是我們這個時代，已經是沒有了梅蘭芳的時代，也是沒有了大師的時代。可是我們經常聽到有人說創新，他們的目的主要是為了名利，而不是為了藝術本身。我們現在缺少大師，我們連繼承的人都沒有多少了，我們沒有創新的資本，如果我們只是一味地創新，戲曲就可能會失去文化的根源。

坂東玉三郎曾專程來到北京，想向梅蘭芳的兒子梅葆玖學《貴妃醉酒》，後來他在日本進行演出，被稱為日本的梅蘭芳。有一次，他看到了張繼青表演的昆曲《牡丹亭》，他產生了濃厚的興趣，他意識到日本戲劇的根可能在中國。二〇〇七年，他找到張繼青老師，讓他教授自己，他學習得極其專注。他最初想著學了《牡丹亭》以後回日本用歌舞伎表演，但後來他發現如果要了解中國昆曲魅力的話就必須要用蘇州話來表演，這對他來說不容易，他需要一句一句來學習。後來他不僅學會了蘇州話，還學會了上海話。他在日本每晚打越洋電話，向老師請教細節，最終學成了，實在是讓人感動，讓所有昆劇團

的人為之動容。坂東玉三郎很小的時候患有小兒麻痺症，並沒想到他會成為一個如此卓越的演員，他一直沒有結過婚，將自己完全獻給了藝術，這都不是一般中國人能理解的。他能從昆曲中感受到中國文化的神秘感和寂寞感，但是我們現在有多少中國人能夠讀懂呢？二〇一三年二月十日，坂東玉三郎帶著中國昆曲的經典曲目《牡丹亭》，在巴黎的劇院表演，連續演出了七天，場場爆滿。演出結束後第三天，巴黎文化部部長授予他文化騎士的勳章。一個日本人用中國的經典劇碼在藝術之都巴黎表演，我們的藝術家在哪裡？這不是一個巨大的諷刺嗎？我們不要再奢談創新了，我們沒有資格談創新，我們也沒有這樣的藝術家來創新。其實我們連繼承都繼承不了，是別人在幫我們繼承，別人挨得住寂寞，深入到戲劇的靈魂中去了。坂東玉三郎的謝幕學的是梅蘭芳的蘭花指，現在還有多少中國的後生懂這個？演一個角色，是要深入其中的，梅蘭芳就是用一個蘭花指，把歐洲藝術家震撼住了。我們現在有多少演員能像他一樣呢？這的確是一個令人感到沉重的問題。

第三個問題，戲曲藝術話劇化。西方的強勢文化讓我們對自己的文化沒有了信心。戲曲和話劇是衝突的，它們的差異有很多。首先，在敘述方式上不同。《蘇三起解》中一句，「蘇三離了洪洞縣，將身來在大街前」，你覺得這句話有問題嗎？過去從來沒有人問過這個問題。這句話是有問題的，這句話不是日常語言的表述方式，我們可以有兩種理解：第一，蘇三自己說自己離了洪洞縣；第二，她說自己的身體來到大街前。這是很奇怪的，但這是中國戲曲的敘述方式，說破、描繪、提問三位一體的敘述方式。你可以理解為這是蘇三在唱，也可以理解一個旁觀者在表述蘇三當時的情景。我們再看中國最早傳

到西方的《趙氏孤兒》，西方人很不能理解唱詞中的自報家門，「我本是」諸如此類，他們覺得我們創作貧乏，這是因為他們不懂這是和盤托出的敘述方式。另外一個就是，唱和念白攪在一起。其次，在表演方式上不同。中國戲曲的表演方式是極其複雜的。中國戲曲演員，需要六至十年的考驗，讓自己的肉體與靈魂高度統一。比如說你們都知道的《三岔口》，他們假裝在黑暗裡打鬥，但是我們知道他們其實都是看得見彼此的。中國戲曲是靠美輪美奐的表演方式來呈現，這是跟西方完全不同的一種表達。中國戲曲不是話劇體驗式的表演方式，而是靠唱念做打營造的美輪美奐的表演方式，這就是中國戲曲表演的魅力所在。

2014年於華中科技大學演講
何丹根據錄音整理

另一種資源

張　煒　著名作家

■ 一

　　談到「另一種資源」，大家可能會聯想到能源緊缺，怎樣尋找新的能源等。不，這裡還是關於文學的一個話題。因為文學創作也需要能量，需要資源，就這一點說，和其他的工業生產、物質創造沒有什麼兩樣。

　　只要嘗試過文學寫作的人都知道，寫作者需要一種講述的能力、表達的能力，他心中要有許多東西可以寫出來，所以最好擁有豐富的個人閱歷，經歷的事情要多。經歷與知識之類，好比機車的燃料，缺少了它，「文學之車」就走不遠。比如有的作家寫得很多，有的則寫得很少；有的剛開始時呈現出一種「井噴」現象，生猛飽滿，但是不久就沒有力量了。造成這些的原因是各種各樣的，但肯定有個「原料」儲備的問題。

　　說到「原料」，這裡是不是平常說的「生活」？因為大家都知道，年輕作家的創作一旦陷入困境，沒有後勁了，老作家就會教導他們「深入生活」，仿佛這是一劑永遠有效的靈丹妙藥。這樣理解「資源」固然有道理，但是今天講的，可能是一個比較寬泛的概念，不單純指平常所說的那些「生活」，也不僅僅是向書本學習。比如說我們讀中文系，就是通過老師和教科書學習技能，掌握方法，積累與文學

有關的大量知識，這些當然都是必需的。

今天一談到文學寫作，談到學習與發表，有人認為和過去大不相同了，一切都變得相對容易和方便了。理由是發表的園地增加了許多倍，可資借鑑的東西已經特別多了——打開網路就能看到大量消息，翻一翻報紙也可以知道很多故事，螢幕上有那麼多的大片、電視劇。總之，可以利用的材料太多了，隨便抓過來一些就可以為我所用。比如編織一個差不多的故事，模仿和嫁接一個過得去的作品，都很方便。現在的文學寫作的確進入了一個特殊的時期，幾乎人人可以動筆，個個可以發表，「作家」這個職業已不是什麼稀罕之物，積累很大的文學量以至於「著作等身」似乎也很容易。

可是另一方面，更真實的情況是，文學在極度「繁榮」的同時卻呈現出一種萎縮和頹敗。這可以說是物極必反。四處蔓延的各種虛構文字見怪不怪，最後誰都不太關注了，一些出版物已經遠不如過去那麼重要了，實際上處於一種十分尷尬的地位。假如一個國家的文學藝術成為這樣，那麼真的會成為一個民族的悲哀。當今的「文學」就在這種所謂的普遍化、平均化的文字衍生和氾濫中，逐漸地退出和消失。這是我們誰都不願看到的、令人遺憾和痛苦的現象。

不過，如果從專業的角度更深入地分析這些文化和文學的現象，恐怕就沒有那麼簡單了。我們常常更多地看取表像，把一般化的寫作等同于文學寫作，就是說將在文明社會裡每個人都應該享有的公民權利，混同於深邃精緻的專業創作。它們二者既相連繫，但仍然還有區別，有極大的不同，比如有不同的專業標準和要求，實在不可等量齊觀。

進入數字時代，我們許多人第一次有了一點可能，可以比較隨意

地在網路上發表自己的文字，包括文學作品。除了網路，還有那麼多小報雜誌，它們總要裝滿自己的版面，每天都是一大沓印出來，擺滿了報攤。這從發表和傳播的角度看，無論如何都是增長和擴大，也是嘗試寫作的有利條件。所以只有到了數字時代，才稍稍具備了這種大眾寫作的可能性。我們算是迎來了一個很特殊的時代。越來越多的人能夠參與文學生活，能夠提筆寫作，這其實是一個正常的、進入現代文明社會的公民應該享有的權利。

當一種事物在相當多的人那兒、在廣泛的民眾裡面蔓延，以至於成為一個常態的時候，也會伴隨著另一種問題了，比如文字的品質，參與者的基本人文素質的參差不齊，等等。人們在這種極為廣泛的參與中會覺得眼花繚亂，進而忽略一般的社會性寫作和專業寫作的界限，並對整個文學藝術品質產生了一些誤解。實際上能夠代表一個時期文學藝術水準的，永遠是一小部分作品，應該是具備相當高的指標的，這個不會改變。比如作為語言藝術的文學創作，任何時期都有一些特別精微和複雜的要求。

我們今天要談的就是專業意義上的「雅文學」寫作，話題慢慢收縮到這個比較小的範圍裡，來討論文學的問題。這裡說的是怎樣進入真正意義上的文學寫作，這種工作需要怎樣的準備。與一般的業餘愛好不同，這種工作必須經歷特別豐厚的積累階段。既然是積累和學習，那麼今天似乎很容易從各種傳媒上獲得的那些資料資訊，它們對於文學寫作會有多大的幫助？是有益的還是有害的？好處肯定會有，但更大的可能是帶來一些負面作用。比如說我們會自覺不自覺地陷在虛擬的世界裡，而多少省略、忽視了實際的生存投入，廢棄了必要的實勘和研究。被虛擬生活所簇擁和改造的一種「現實」，每時每刻都

在影響我們，久而久之就成了被感受主體深深認同的一種「實在」，這是可怕的。而我們接觸到的很多「現實」，也有許多只是從虛擬的東西演化、模擬過來的。

現在的文學閱讀，讓人有普遍的不滿足感：每打開一本雜誌、一本書，總覺得上面的文字口吻都差不多，氣息也差不多，真正給人耳目一新的、有點陌生感的東西少之又少。造成這些的主要原因，就是寫作者接受了大致類似的虛擬生活，共同生存在一個虛擬的世界裡。他們的經驗都差不多，感受都差不多，都來自傳媒。這些作品的講述還會讓人想到電視劇，或者是一些好萊塢大片的套路。這些文字所描繪的一個個場景似曾相識，結構方法也就是那麼多，什麼起承轉合，人物類型，包括語言，不知被重複了多少次。具體要從哪個底本裡找到對應物也不一定，主要是氣味和氣息相似。這更可怕。這雖然還不能簡單地說是抄襲和照搬，但這種因襲對文學寫作而言是更加糟糕的事情。寫作者過分依仗了相同的資訊途徑，它們大致上都來自那些第二手、第三手的東西。

這樣的結果是，除了內容和氣息的相同處，最大的問題是真正屬於個人的喜悅和痛感的喪失。虛擬之物成了情感的源頭，這就從根本上抽掉了創作的基礎。個人的愛與痛是最大的寫作資源，一個寫作者一開始難免文筆生澀，技術層面顯然不夠成熟，但作品有可能令人感動。所以有的作家往往在年輕的時候，在他剛剛開始的幾部作品裡讓人印象深刻——他投入了真摯的、淳樸的、來自生活實際的情感；而當他變得相當熟練了，成為所謂的行家裡手而沾沾自喜時，情感也變得稀薄了，這時候他喪失的其實是最大的資源。

■ 二

可見文學不完全是，或主要不是什麼技術的問題、知識的問題，儘管它們對寫作者也的確極其重要。它更是一個靈魂的問題——當寫作者的生命質地改變了以後，無論用什麼高超的方法，都追不回從前那樣的飽滿和真摯，沒有了那樣不可思議的藝術力量。

今天的人越來越成為室內動物，滿足於生活在這個虛擬的世界裡，在其中暢遊和陶醉。他們既沒有時間也沒有魄力像過去一樣足踏大地，不再那麼質樸地跟我們的大自然結合、跟山川大地結合。他們有許多時間用來移動滑鼠，滿足於光纖的速度。他們越來越沒有機會到大山、大海、大河旁邊了，也不記得多長時間沒有仰望閃爍的、像綴滿了鑽石一樣的星空了。聽不到海浪，看不到童年時的堤壩和沙灘，這些東西全都消失在記憶裡了。這一切只是少年情趣，是往昔的經歷？不，它們是一種了不起的經歷，一個人沒有那種和大自然極其貼近和親昵的「曾經」，或許是一種極大的缺憾，是不可彌補和替代的至為寶貴的部分。沒有少年時期對於天籟的感動記憶，將是另一種人生。從那片天地走出來，走入自己的文學表達，有可能是完全不同的。

一個出生於城市的作家同樣傑出，但這些傑出者可能並不缺乏鄉村生活，而且往往都擁有非常充沛和飽滿的鄉野情感，在這方面也絕不貧瘠。可以說優秀的都市作家付出了雙倍的努力。因為他們一開始沒有「土地」，柏油和水泥地上不能夠生長草木。那個蓬蓬勃勃的世界在另一邊，在一片城郭之外。

鬧市裡最多的是人氣。人氣旺盛當然很重要，文學主要就是講人的故事。經歷了更多的人、人和人之間的摩擦，會對寫作產生重要的

影響。但是人的重要見解，人對世界的深刻認識，有時候並不完全發生在人流擁擠之地，它也可以滋生在相對寂寞空曠的地方，在人和大自然相連結的那個地帶。

文學能力的形成是一種綜合的結果。除了擁有對現實生活的深刻感受，當然直接依賴的還有閱讀——這是對範本的學習，是從來不可能省卻的一個過程。不過今天與昨天相比，我們大量的閱讀時間被更廉價的東西消耗了，不再用在中外經典那兒，而是時尚讀物和其他的一些娛樂方面。湧來蕩去的印刷品、影視製品、網路文字像浪潮一樣不可遏止，沖刷著我們的日常生活。結果我們的精神世界越來越貧瘠，因為擁圍之物裡充斥著大量的垃圾，不僅營養貧乏，而且汙損嚴重。

對於一個人來說，某個時期的閱讀狀況也表現出他們對生活的責任。因為任何知識人對生活投入的深度，與他對思想與藝術探究的深度都是相似的，具有類似的意義和性質。這裡需要深沉的思考和更有內容的關注。這就像一個人有沒有能力牽掛廣大的社會、有沒有勇氣邁開大步走入現實生活的苦境一樣。這當然會是十分不同的選擇。說到青年，現在還有多少大學生能利用假期、利用閒置時間走出去，到自己所不了解的城市或農村、到人生的另一些角落裡去觀察和研究？

時代不同了，在過去，比如二十世紀八〇年代的大學生，有很多人會在假期裡為自己制訂一個詳細的行走計畫。他們把這當成另一種學習的途徑和方式，並且認為是極重要的。年輕人常常因為自己所不知道、不曾親身體驗的那些角落而感到憂慮和痛苦，覺得這是人生一課，一定要補上才好。更早的時候，還有大家耳熟能詳的「到邊疆去，到最艱苦的地方去」的口號，如今卻成為遙不可及的大言了，只

會令人訕笑。現在的聰明人、現實主義者太多，他們認為利己主義者才是最可以理解的、天經地義的，人就是要千方百計地到安逸的地方去。

　　從文學寫作的角度看，一個人完全躲避了粗糲的現實生活，收穫的就只有淺表的艾怨和歡愉了。這是沒有辦法的事。談到物質生活與藝術的關係，有人不止一次表達了心中的訝異，說現在有這麼寬鬆的社會環境，這麼豐富的文化生活，這麼好的生活條件，為什麼就不能更多地產生傑作？這種設問本身就是空洞和膚淺的，因為他們忽略了最重要的資源，只過分看重了一些表面的、似是而非的東西。某些物質條件之類並沒有將強大的精神熱能提供給寫作者，相反還會剝蝕他們。許多人還對網路寄託了過大的希望，認為它是無所不能的巨大能量場──正源源不斷地給藝術創造者補充能量、提供能量。它當然會有用處，也具備一點資訊和資源的意義，但它更可能耗損人的創造能力。有人舉例說到網路上驚人的文字輸送量：有人可以一天一萬字兩萬字地寫下去，並連續工作一到兩年，想一想這是多高的產量、多麼巨大的創造力，幾百萬上千萬字早就不再稀奇了。可是這究竟意味著精神的荒蕪頹喪還是強盛繁茂？

　　文字寫作只能是苛刻的，它必須是語言藝術。思想和藝術總而言之還是要來自艱辛的勞動和刻苦的經營。即興的文字快捷地發表到網上，那是與人類寫作活動的品質背道而馳的。大部分認真嚴謹的作品都會有多次修改，一些作家寫出的好多片段，特別是開頭和結尾部分，改動三四十次是很正常的。即便到了現在，大多數作家還是要一個字一個字寫在格紙上，因為這樣的工作狀態更符合運思的規律。只要達不到作家所要求的那種語言的高度，不能充分表達那些微妙的意

蘊，修改也就不能停止。

目前，西方發達國家的作家還沒有過多的網路憂慮。網路文學對於傳統文學構成的那種挑戰，他們還沒有充分地感受到。網路上的文字資訊撲面而來，它淹沒一切，讓人有一種閱讀的恐懼。可是這一切直到當下，對西方作家還沒有構成深刻的觸動。因為在他們看來，網路完全是一個發表的園地、一個載體而已，這同樣需要非常認真和嚴肅地對待，與我們傳統的紙媒並沒有什麼兩樣。那樣草率地在網路上發表自己文字的西方寫作者有沒有？即便有也不像我們這樣多。

不同族群之間的區別、不同的文化素質的差異，真是令人驚訝。這個世界上有些人對文字的敬畏、經營的耐心，要比另一些人大得多。這種執著專一的能力當然還要來自對真理的熱愛，來自對某種深遠的宗教傳統的敬畏。沒有這種敬畏，其他的敬畏也就談不上了。

有時候我們覺得網路危機，有可能是一個欠發達的國家（地區）所獨有的，這當然不一定。但欠發達國家（地區）肯定陷入了更嚴重的網路危機，這是無須懷疑的。網路在這裡更有可能變成一個垃圾場，這樣說可能並非危言聳聽。

■ 三

隨著一個人閱歷的增長，閱讀歷史的延長，對文學作品的挑剔也會越來越重。好的小說（包括其他書籍）可能在其眼中變得越來越少了，但是一旦找到，它的那種巨大魅力還是會緊緊地把人抓住，令其欲罷不能。於是，閱讀這本書的過程就成為最幸福的日子。

問題是我們到哪裡去尋找這樣的好書？

當然首先還是要回到經典。有人聽了會不無失望地問：就是那些

在教科書中反復被提起的書？是的，就是它們。「那多麼無趣」——難道這樣說的人真的讀過、真的進入過它們的世界？難道對我們來說最熟悉的書，就一定是已深入理解的書？事實上並非如此，而且往往相反。比如屈原，讀屈原的作品磕磕絆絆，語言的障礙都不能破除，哪裡會有魅力可言、吸引力可言？但是這個遙遠的吟唱者、憂傷者實在具有不可擺脫的迷人的力量。如果讀過他的全部作品，再把關於他的所有文字都找來，沉入之後，也許就會生出欲罷不能的感受——這是一個神奇的個人世界，它遠在我們所能預料和感知的一般的心靈世界之外，如此生動和奇特，所以才感動和迷住了一代又一代人。

這個奇怪的男人那麼迷戀鮮花、迷信君王。屈原的詩章寫滿了人與鮮花的關係，也寫出了不可思議的兩個男人的關係。屈原常用的一個詞叫「美人」，不停地言說「美人」。他說自己渾身披掛鮮花，栽種了多少畝蘭草，喝露水吃落英。他把不好的人比喻成艾草，有一股很重的氣味。一個男人憂憤深不見底，牽掛無邊無際。他的神遊已不在人間，糾纏於山鬼和河神之側，在幻想中看到的是仙班和天帝的威儀。人世間幾乎所有瑰麗的辭章都被他用盡了，令我們從此懷疑後來人還有什麼更好的言詞可供差遣，又有誰還敢鼓起勇氣步他的後塵。

的確，幾千年來有了楚辭這樣的絕唱，硬是把中華詩人的吟哦逼上了高八度，而後來才有漢賦唐詩宋詞。就是這樣一個語言的精靈，唯美的精靈，他的巨大的、不竭的吸引力在那裡，於是後來者只要接近了他，就會像一點鐵屑挨上了一塊磁石一樣，只能被強烈地吸住並微微顫抖——顫抖是因為激動，是激動的樣子。

世界上沒有任何一種事物比人更奇特、更複雜的了——他竟然具備如此的豐富性和陌生感，如此強烈地吸引我們，讓我們一代代駐足

流連、詮釋和吟味。這樣獨特的生命是絕對不會重複的，我們進入他的世界越深，越是感到這個世界的闊達和蒼茫。

如果一般地讀一讀了解一下，就會停留在某些耳熟能詳的概念裡，然後就認為早就熟知了，其實這只是哄騙自己而已。偉大的思想和藝術不是一個符號，甚至不是被反復詮釋的那些條目和汗牛充棟的資料。他們是存在於字裡行間的、完全靠每個人親自結識和指認的極其具體的人。實際上越是經典就越是冷寂，為什麼？就因為它們在反復的解釋中也會變得似是而非──離我們越來越近的同時，也實在是更加遙遠了。仔細想一想，我們其實從來就沒有充分投入時間、沒有用心靈走近他們，我們也並不知道他們的心靈，因為我們沒有使用過心靈。

大多數冷漠對待經典的人都是一些在門口徘徊的人。人如果習慣了娛樂，也就習慣了徘徊。其實真正的娛樂、大娛樂，還是藏在深邃的思想與藝術之中。

我們從寫作者的角度談獲取藝術和精神的能量，可以再次將其比喻為食物的營養──多種維生素和高蛋白，自然不會是網路小報和影視螢屏，而是能夠展開思想的文字著作。有人可能借此提到「雜食說」，說最好的營養就是各種食物的搭配，最忌諱的就是偏食之類。如果這樣的比喻也勉強成立的話，那麼我們所置身的這個網路時代已經有太多的零食，各種速食幾乎全部代替了正餐。可見我們的首要任務不是獲取所謂的雜食，而是將無處不在的調味品和味素香精之類儘量回避掉。

寫作者要進入自然而然的生存狀態，而不能僅僅盯住自己狹窄的專業。要有痛有聲，有平常心、社會心。作家也不僅是「小說家」一

途，而是一個全面的關懷者和表達者，他本來就可以採取各種方式。有時候專業的小說家並不重要，只專心於編造一些五花八門的故事也不重要。事實上，最好的小說往往不是那些專業的小說家寫出來的，而是一個對社會有強烈責任感、有生命投入力的人創造的。只要是能改造世界、對整個世界能夠起到提升作用的所有工作，都應該熱心去做。寫小說有益於社會，能夠傳播思想，於是才值得好好做下去。如果需要直接呼籲一些事情，就不妨寫出一些直言的文章。將所有的生命痕跡全部彙集起來，就是人的著作了。一個熊熊燃燒的生命，一個難以停止研究和憂思的人，就是作家。

中國翻譯外國著名的小說家的作品，慣常做的就是把他的所謂幾部代表作翻譯過來，好像這就可以了。其實這還遠遠不夠。我們需要追尋根脈和源流。小說家直接面對了什麼、言說了什麼，這些也許更加重要。

一般化的平庸的小說家是小心翼翼的，他們不敢言說，而只用虛構的故事將自己纏繞起來，成為一種規避和偽裝。這樣做有一種好處，就是本人與文字有所間離。虛構的故事可以多方詮釋，創作者只在這些詮釋旁邊閑觀和得意——這樣的人沒有勇氣，經不得風雨，不是那種頂風破浪的遠航者。

我們希望閱讀經典作家全部的文字。我們要看的是人生的全部總和，而不僅僅是某一部分文字，這才是真正的閱讀。一般的閱讀是消遣，真正的閱讀是感動，感動於一個偉大的靈魂。

經典的意義在於它的不會陳舊。比如一位傑出作家的主要作品，我們都讀過了，並且印象很深。可是幾十年後的某一天在書架前徘徊，可能隨手抽出了某一部，站在那個地方翻著，然後不知不覺就沉

入進去。結果，它仍然吸引我們，眼睛不能挪開。我們像過去一樣被攫住了，而後很長的時間裡，腦子裡總要出現作家所描述的那些人物和場景。這種感受很難用語言去表述，只能說其他所有的一切全部後退了，消失了，無影無蹤了，腦海裡只有這次閱讀所帶來的激越之情——需要不停地想，去回味，那種巨大的愉悅、給生命注入的無形力量，就在心頭。

▍四

　　俄羅斯文學常常給人一種特別的「享受」。這是橫跨歐亞大陸的一個遼闊國家，很大一部分國土面積在凍土帶。這裡生活的作家有著不可思議的獨特魅力：深沉遼遠，蒼茫凝重。他們的文字經營的那種意境、形象和趣味，是其他地區的寫作者所不具備的。領略了俄羅斯經典作家筆下的大地與陽光，也就難以再津津樂道於時下的什麼愛情小說、網路小說了，因為哲思真正擊打心靈的閱讀。

　　事實上，一旦有了另一種深刻的閱讀，再讀一些亂七八糟的東西是根本不能忍受的。於是就要開始艱難苛刻地尋找。好書並不像想像的那麼多，但一旦尋到就覺得不虛此行。中國的經典和外國的經典，它們常常是被冷置在一旁的寶藏，是一個在網路時代被屢屢繞過的巨大精神堡壘。

　　當我們了解了一個傑出的作家後，就會想像他用之不竭的能量之源來自哪裡。我們會發現，同樣是一個生命，對於客觀世界，對於一個隻走過一次的這個世界，他的那種牽掛和愛戀是這樣強烈。他對於苦難的不能容忍、對於愛情的深深沉入，那種質樸和坦誠都到了令人驚訝的地步。他常常孤注一擲，探索真理，神情專注。我們今天的人

過於聰明，幾乎把世上的所有事物都搞成了相對的了，不敢承認絕對真理，更不相信永恆，這樣的人生當然不會有力量。

那些傑出的人幾乎無一例外都是一些執著者，他們一生心存敬畏，有的並非宗教人士，但是心裡依然有神。而平時我們看到的蒙昧者不少。對於一個族群，沒有敬畏之心非常可怕；而對於一個寫作者，那簡直是他的最大不幸。

我們強調寫作者要保持對現實生活的探究心，並有深入的閱讀和廣博的學習——僅僅這樣可能還遠遠不夠。因為這都是最基本的條件，傑出者終究還需要突破這種「基本」——當然在今天，要做到這個「基本」也相當不容易。我們可以剖析一些個案，來看看他們對人生的那種投入，那種深切的責任感來自哪裡。也許這樣的一生會過得很苦，因為具備了任何執著的追求後的道路都會是艱難和坎坷的，都會付出極多。一個人由於沉浸得太深，一切才在心靈裡留下了磨擦不掉的印記，特別強烈的一個生命是無法平庸的。

從中國說到外國，從古代說到現代。現代還得講魯迅——有人可能說怎麼又是魯迅？當然，永遠的魯迅。多少年輕人讀過《魯迅全集》？二十世紀五〇年代出生的文化人，其中不少人把魯迅先生的全部文字都讀過了。現在研究文學史的人說：魯迅有點吃虧，如果他有自己的一部長篇或幾部長篇該有多麼好，那就可以和世界上的任何一個大作家相比。他們發現國外的大作家往往有幾部長篇，有詩，還有很多理論文章。而魯迅的作品更多的是雜文，頂多有一部中篇和一些短篇。

魯迅是不怕「牆」的人。生活當中，一般來說人遇到了矛盾會繞著走，因為中國有一句古語，「多一個敵人多一堵牆，多一個朋友多

一條路」。可是魯迅只要看到了生活中的不平和醜惡，一定要發言。所以也就結下了很多恩怨。他於是立下了無數人生的「大牆」，這還怎麼走路？看看魯迅先生的文集可以知道，當年哪怕是一個微不足道的小人物，發表了一篇很糟糕的謬論，他也會認真地給予反駁和批評。

現在的人越來越聰明，打仗還要看對手，一個大人物怎麼可能去跟一個小人物過招。有時候會認為得不償失，濺一身髒東西。可是魯迅不會這種精明，他對事不對人，真正能夠平等地對待生命、對待問題。他是自然而然地糾纏到矛盾裡去的。這樣一路走下來，需要非同一般的勇氣和魄力。這種生命的韌性和強度，就不是一般人所能具備的了。我們一般的人如果這樣糾纏于現實的矛盾中，那會一輩子都不得安生。所以魯迅的消耗和付出是多麼巨大。他只活了五十多歲，留下了大量打筆仗的文字。

今天將這所有文字看一遍，會受到震撼。它的分量，它的價值，何止是一兩部長篇所能換取的。各種各樣的故事、各種各樣的思想、各種各樣的社會現象都盡含其中了。魯迅以近身搏殺的文字，構成了那個時代的一部精神編年史、哲學史和百科全書。但是由於在長達半個多世紀的時間裡過多地談了魯迅，比如「文革」時期別的書不要讀，卻可以讀魯迅，以至於將其樹為偉大的精神導師，所以到後來難免有一點物極必反，許多人心裡有了一種排斥——在這種情形之下魯迅要經受多麼嚴苛的挑剔和鑒別。但是唯有魯迅經得起，他的文字仍然保持了固有的顏色。今天的人只要放平了心去讀魯迅，有一種清晰的思辨力、不妥協不苟且的人生態度，就會深深地被感動。

不僅是魯迅，我們忽略的現代作家也許還有其他人，比如胡適。把胡適和魯迅結合起來讀，也許是美妙無比的事情。兩個同時期的作

家、思想家，卻是那樣不同。他們都是傑出的、不可替代的。

　　談到中國當代作家，大家會覺得尤其熟悉——我們從報刊和網路上不斷地讀到他們。也許是這樣，當代作家的創作將積累成一部漫長的文學史——再遙遠的文學都要由眼前開始生長，一點一點構築起來。所以，無論一個多麼傑出的古典作家，也無法完全取代一個當代作家。因為他跟讀者生活在同一個時空裡，消化著相同的事物，呼吸著同樣的空氣，面臨著同樣複雜而糾結的一些問題。當代人之間的各種參照和啟發、帶來的想像、造成的刺激，將是格外切近而深刻的。可是我們真的看到了能夠代表這個時代的當代作家嗎？他們在哪裡？他們近在眼前嗎？我們許多時候並不知道，我們真的還不敢肯定。

　　鑑別力是非同小可的，它往往在最深沉的時刻才會出現。我們誤解當代的情形總是最多，也就是說，能夠尋找到真正意義上的傑出作家並不容易。但他們一定存在——中國有十幾億人口，隨便一個省的人口就超過了歐洲的幾個國家，那麼不安的生命，自然會有傑出者——只因為離得太近了，沒有陌生感和距離感，所以才讓人無法鑑別。

　　我們自己的一顆心是最值得期待的，也是巨大的力量來源。我們從自己的內心尋找，感受一種飽滿的力量，從而擁有特殊的關懷力。這種力量就是包容的力量，感悟的力量，特別是敬畏的力量。當有了這樣的一種生命覺悟時，就會與深長無邊的能量之源接通，就會持久地走下去，直到走得很遠很遠。

　　沒有對頭頂那片星空的仰望，其他的也就談不上了。

　　　　　　　　　　　　　　　　2012年於華中科技大學演講
　　　　　　　　　　　　　　　　華中科技大學當代寫作中心

現實俯瞰小說

蘇　童　著名作家

　　大家好，這麼多同學把我嚇著了。我前天來到華科大，之前給中文系的同學上了個小課，那一次我是跟他們聊天的。今天有所不同，堂堂華科大，這麼有名的一所大學，這樣的場合，又是這樣一種講壇性質的，所以我裝模作樣地假裝教授，要談一些人情味稍微不那麼濃的文學問題。這個文學問題在多大程度上能讓同學們有感觸，就是能談到你們的心裡，我其實也沒把握。我主要想說的，或者說是想和同學們探討的，有兩個關鍵字，一個是「小說」，一個是「現實」。我很努力地想挦清一些迷惘，背後的潛臺詞是一個作家到底在寫什麼，在如何利用生活。

　　絕大多數偉大的作品都要涉及現實生活（當然平庸的也一樣），絕大多數人都堅持作者與生活的關係，涉及魚水之情。如果說我們每天遭遇的現實生活就是洶湧多變的海洋，這比較容易理解。但如果把作家比喻成這海洋之中的一條魚，無論是從邏輯、從常識出發去推理，都令人存疑，我們要探討的就是這樣一些疑慮。因為我們知道魚的優勢，它是不會被水淹死的。但作家其實沒有這個優勢，他們也永遠不可能是魚，不過是在水裡吐出泡泡，那其實只是在呼吸，僅僅為了生存，而不是文學。現實生活是危險的，充滿風浪和種種不測，人都有可能被這片浩瀚的海洋所淹沒，反過來說，一個所謂的作家，卻

無力用文字去淹沒海洋。所以我要說的是在現實生活面前，所有人都註定是弱勢群體，包括一個作家。大家都知道我們有可能與水共舞，但是誰能與海洋共舞？

　　創作這件事，在我的理解，從某種意義上來說，就是寫作者如何處理與水的關係，與海洋的關係。一個作家要從現實生活那裡所負擔的事其實是複雜的，大家喜歡使用的「魚水之情」這個詞彙，其實只是描述了他們這個關係當中相對和諧的一面，卻不能描述他們之間對立和矛盾的一面。同時，所謂的「魚水之情」，草率地取消了作家在茫茫人海中的特殊性和獨立性，所以當我們要尋找最恰當的對寫作者的比喻時，也許應給寫作者設立一個更自由更獨立的位置。他不在水面之下，而在海水之上；作家不是魚類，而是以魚類、蟲類為生的捕撈者。作家是什麼？我必須打比方，我首先想到的是鳥類。最近禽流感啊，我不願意說這個，但這確實是一個比較恰當的比喻。以海為生的海鳥，它們是海洋的巡視者和狩獵者，它們從大海裡獲得食物，又永遠飛在海洋之上。同學們，你們可以想像一隻海鳥的姿態，把大海想像成我們所處的生活，把那只鳥想像成一個作家的姿態，或者是一個有志於創作的任何一個人的姿態，還是很合拍的。它們是尋尋覓覓的，所有的食物被浩瀚的海水所籠罩所覆蓋，更多時候海面上並沒有什麼海鳥的食物，因此發現的過程充滿等待，充滿迷惑。也因此，海鳥註定是焦灼的，渺小的。海鳥曾經以為它俯瞰海洋，但最終它會以清醒的眼光認識到，不是它俯瞰海洋，而是海洋俯瞰它，帶著一些冷漠，甚至敵意。只是在對峙雙方筋疲力盡的時候，海洋忽略了它的安保措施，才會有鮮活的幾隻魚、蝦浮出海面，賜予海鳥可貴的食物。

　　剛才這一段想交代的就是我所設想的在複雜的、紛亂的現實生活

當中，一個作家的位置在什麼地方。當然這只是我的設想，我設想他是一隻海鳥，同學們有可能說，我不是海鳥，我是一匹馬，生活是草地；也有的同學說生活是沙漠，我是沙漠裡的一頭駱駝，也是可以的，這只是我的一個說法而已。

下面要談的就是所謂的現實主義，現實主義的文學傳統，其關鍵字永遠是現實生活。每一部小說都會事關生活，卻不一定都事關現實。同學們會覺得拗口，一部小說當中充滿了日常生活的種種，方方面面，但它不一定揭露什麼現實。我們下面要談的就是這個問題。作家從日常生活的海洋中尋獲來的一堆食物，對於讀者來說是否美味，取決於讀者的胃口，甚至是偏見。但是現實主義小說的終極目標，請同學們記住，它不是帶你重溫生活，它不是去取悅閱讀者的情感，取悅你的胃口，取悅你的味蕾，取悅你的嗅覺，或者取悅你的某種審美定勢，它必定要引領你到偏僻之處，發現被遮蔽的，記住，被遮蔽的生活的真相。從某種意義上來說，一旦發生了閱讀，讀者和作者之間也便發生了某種奇妙的對峙，甚至拉扯。我的理解，一個作者寫出一部書，無論他是在用文字吶喊，還是要求你加入的時候，其實某種拉拉扯扯的行為就已經開始了。這個拉扯的行為是什麼呢，且聽下回分解。

一切都要從閱讀開始，生活的真相註定是隱秘的、閃爍的。所有文學作品中的現實工程，並不穩定，它就像一個開放的建築工地，需要作家與讀者共同搭建。讀者不參與，那現實就不成立，而且會成為爛尾樓。此外，就像我說的，一部小說難以複製海洋。如果說我們的現實是海洋，如果說我們的日常生活是海洋的話，一部小說是難以複製的。它所涉及的現實生活無論多麼恢宏寬廣，其實都是裝在一隻碗

裡的。裝在一隻碗裡的說法也只是我的說法。

這個水夠不夠你喝，要看你的需求，作家告訴你那碗裡的水是現實，可是到底是不是，喝了才知道。作家們總是努力地勸你喝下那碗水，所以一部文學作品往往是說服讀者參與他的現實的過程。剛才我說的拉扯，就是這樣一個過程。這個過程如果順利，讀者會和作家一起在不同的時空下交流對時空的看法。有時候這種交流是從熟悉的日常生活開始的，但還有很多時候（我也經常碰到這種情況），讀者不熟悉作家描繪的生活或者日常生活，但是發生了一個奇妙的結果，他成功地被作家「綁架」了，進入到那部小說的世界裡，進入所有的細微之處，進入到小說深處，成為這個作家現實的另一個目擊者。這並不是意外，因為我們所需要的現實不僅出現在我們肉眼的視線裡，我所說的是現實，不是一棵樹，是樹背後掩藏的某一種事物。更多的時候它藏匿在某一個不為人知的角落，藏匿在別人的生活中。所以別人的那一隻碗裡，有我們需要的現實。向別人致敬，向窗外致敬，這是文學的謙虛，是文學的禮儀，恰好，這也是文學真正的魅力所在。

下面我儘量引用文本，以文本說話。古今中外的文學大師（我接著上面的話題說），都成功地把陌生人引進了他們的世界，無論是「綁架」也好，誘惑也好。他們自己的世界（作家從小到大的日常生活也好，社會也好，個人履歷也好）很大，有的並不是太大。下面說到曹雪芹，大家可能都知道，曹雪芹的《紅樓夢》裡面的世界，我認為不大，但是很深。從某個角度去分析曹雪芹的創作心理，很難排除這個可能，緬懷是最大的動力，他是在緬懷屬於他的一個消失了的美麗世界。《紅樓夢》大家都知道，賈寶玉啊，林黛玉啊，他們的生活其實就是公子哥兒、貴族小姐的生活，其實是一種遠離民間的貴族生

活，儘管沒落，依然是貴族，在任何時代都不屬於普通人，是屬於少數人的聲色犬馬。《紅樓夢》裡的家族沒落是富貴的沒落，它的悲哀來自富貴的沒落，它不是什麼普通人的悲哀，不是那種貧賤夫妻為了柴米油鹽的生活的悲哀。但是，很奇怪吧，你們看《紅樓夢》，你們的父親看《紅樓夢》，將來你們的孩子還要看《紅樓夢》。這一代一代的普通人都順利地進了榮國府、甯國府、大觀園，不一定會與人物同喜，但一定會與人物同悲，這是我的認識。

為什麼一部偉大的作品，它的那一碗裡的食物一定是誘人的，一定是可口的，一定是打通你所有的器官從而進入你靈魂深處，它有這樣的力量。不管它描述的世界離我們日常生活有多遠——比如我是一個工人，我是一個農民——它總是能夠成功地逼迫讀者，「綁架」讀者，讓你成為它的情感的當事人，這是很牛的。所以我覺得這樣的偉大的作品其實它就是一隻碗，碗裡裝的是什麼東西，你不知道就湊過去看。你不一定饑渴，但是你一定會關注著那只碗的命運，關注那只碗裡的東西。

一部偉大的作品會這樣跟你發生連繫，那麼我們再展開，細細地談，現實如何鋪展，這個碗裡是怎麼裝滿一碗水和食物的。人，都生活在時間和事件之中，時間和事件是現實的屋頂和房梁。讀《紅樓夢》其實是在一個人的屋頂和房梁下發現大眾所需的現實，與賈寶玉的生活事件無關，大家要清楚也許和曹雪芹都是無關的，因為他也許只是曹雪芹放大了的一個記憶。或者說賈寶玉是一個盛極而衰的當事人，而曹雪芹為了發動讀者的情感回應，他首先充當了情感的當事人。大家讀《紅樓夢》的感受是天上人間、繁花開過、落木蕭蕭，就是這個味道。所以兩種生活，一半是緬懷，一半是寫實，兩個態度合

而為一，是曹雪芹在生活的海洋中充當的那只海鳥覓食的姿態。他提供給我們的那個食物是最奇怪的食物，他讓我們看著那個食物發黴、長毛，這是食物的困境，是食用者的困境，其中的反差非常自然地顯現出人生和命運的那種無常。我相信大家看《紅樓夢》都跟我感覺類似。說到現實，它不單單是賈寶玉的現實，也不單是曹雪芹作為一個作者的現實，而是我們大家的現實。所以是不是可以這麼說（我要固執地總結，拿《紅樓夢》來說事），總結紅樓夢裡的人生哲學，首先是從總結賈寶玉的生活變化開始。我們可以發現，一無所獲其實是貧窮潦倒的真相，同時也可能是榮華富貴的真相，這點很有意思。賈寶玉身後拖拽的正是一個巨大的現實的影子。

賈寶玉後來的遁入空門可以看作是看破紅塵，他的看破紅塵可以看作是一種放棄、逃避，甚至可以說是一種掩飾，對生活某種失敗、信仰喪失的一種掩飾，以此作為最後的出路。大家知道曹雪芹的晚年，我們之所以說他在緬懷，看他的生平就知道他的榮華富貴是非常短暫的，他一生都在緬懷它，因為後來的窮困潦倒。他在這種角色裡，是能獲得最大的安慰和滿足的。大家知道曹雪芹在寫《紅樓夢》時的境遇，甯國府、榮國府後來的蕭條、淒清，是曹雪芹真實生活的寫照。如果說有讀者要從小說中尋找答案，如何從現實中解救自己，如何解決賈寶玉與現實的矛盾，這個答案其實是有的，我覺得《紅樓夢》裡提供的一個答案就是：惹不起我躲得起，三十六計，走為上策。

所以這是這部小說給我們揭露的人與這個世界之間的關聯這樣一個現實，這是曹雪芹給我們的。當我們識破現實的時候，我認為《紅樓夢》是這麼概括的：惹不起我躲得起，三十六計，走為上策。所以

我說《紅樓夢》對現實的態度是悲觀的、出世的。但在出世的選擇背後呢，又有一個入世的世俗的基礎，因為這個緣故，我們都是世俗之人，所以世俗的讀者也被曹雪芹遷移，成為大觀園中的當事人。人物、小說人物、作家和我們這些一代又一代的讀者一起面對一個共同的現實，大家都在這個大觀園裡，大觀園變成了一個真正的現實的縮影，就是我剛才提到的被遮蔽的、隱藏在灰塵中的生活的真相。

下邊所說的還有一個例子，作家在篩選和淘汰現實素材時，總是覺得海洋太大，所謂的海鳥飛不過地球上全部海洋。如果說一個作家像鳥一樣守候在海面上，一定是局部的守候，大家注意這個關鍵字「局部」，下面我要說「局部」這個詞。如果說他們像海鳥一樣在海面上飛行，那飛行的距離也是有限度的，即使是這種有限度的飛行，也要依靠他們的方向感，依靠各自的直覺和經驗。所謂作家的敏感，其實是海鳥對食物、氣味的敏感。通常來說，作家們擁抱生活都是從局部開始擁抱的。所以我一直要同學們謹記，好多關於文學批評家們、理論家們所宣導的宏大敘事啊、偉大的時代啊、時代的召喚啊……大家仔細聽我的觀點，我的觀點是有點反其道而行之的。通常來說，作家擁抱生活，都是從局部開始擁抱的，發現現實的真相也是從生活的局部開始的。

下面將提到張愛玲，我不知道下面有沒有男同學對她有興趣，但還是要說，因為她是我的一個素材。張愛玲的現實生活、現實世界，大家如果看過她的作品就知道，就是由局部開始慢慢擴展、慢慢深入的，成為我們所知道的張愛玲。她對人生，對世界，大家可以看出，充滿了懷疑，這樣的懷疑很大程度上首先是建立在她對人的懷疑上。「懷疑」就是張愛玲世界觀的局部，當然我沒有說是她的全部。被她

懷疑的生活當中，卻隱藏了不容懷疑的現實，她喜歡懷疑這個態度，甚至也憑藉它寫作。所以大家讀張愛玲，不用讀得太多，讀過《金鎖記》、《傾城之戀》、《第一爐香》，你就會知道，其實張愛玲的生活並不是那麼寬廣。她後來在二十世紀五〇年代初期寫過非常革命化的兩部小說——《赤地之戀》、《秧歌》。當然也有人說好，但確實已經不是張愛玲了，那個味道完全不同了。

張愛玲的生活並不是那麼寬廣、開放，但由於她的懷疑的態度，使她對生活中遇見的人有著天生的小心、防範和各個角度的千方百計的揣摩。她是個能夠擁抱世俗生活的人，請大家記住，我可能替很多張愛玲的讀者說出了心裡話。她是個能夠擁抱世俗生活的人，但是偏偏不肯擁抱「人」，有這感覺麼？同學們，尤其是讀過張愛玲作品的同學。多愁善感不適合描述張愛玲對現實生活的敏感，工於心計同樣也不適合。她就是個矜持的防範者，始終帶著一點緊張，以一種慣性去預測生活的種種不測。她是那樣去發現我剛才所說的所謂的、通常被人們的目光所遮蔽的生活當中的那個真相，那個所謂的真正的現實。所以張愛玲筆下平緩的日常生活，具有奇妙的懸念，那懸念來自人物內心情感的不確定，因為情感的不確定往往導致人物命運的不確定。因為從懷疑著手，她內心小說裡的世界，從來沒有真正的樂觀，如果有樂觀，也很短暫，但不是那麼悲觀。樂觀也好，悲觀也好，都是處處留著餘地的。所以我們可以說，我對張愛玲的發現是，她為樂觀和悲觀同時留下的餘地，是張愛玲發現的，所提供給我們的生活的一部分真相。也就是說，我今天要探討的，一個作家是如何揭露所謂的現實。

大家通常認為現實生活是一個術語，但是我一再強調，生活當中

那個現實，其實就在你身邊，你就是抓不住，是風一樣的。作家從某種意義上來說，就以他的方式擔任這麼一個職責，去告訴你。我剛才所說的為悲觀和樂觀同時留下餘地，是張愛玲告訴我們的現實生活當中的真相。

我剛才談了隔了一百多年的兩位作家，一男一女，說起來其實是有點拉郎配的。曹雪芹跟張愛玲看起來難以比較，但我一直覺得比較一下蠻有意思：都是名門之後（大家知道張愛玲的身世，也知道曹雪芹的身世），所以命運對他們都是前恭後倨，他們都有榮華富貴的血脈，也都是見證者。張愛玲，大家知道，其實她的一生，尤其是晚年，見證的都是衰敗和清貧。所以他們的世界是被顛覆過的，而且這兩個人的人生都是被改寫過的。他們如何記敘他們眼裡的世界，他們如何認識生活的真相，他們如何闡述那個所謂的現實，對我們特別有啟發。然後他們又是如何去打動我們這些跟他們的貴族生活、盛極而衰的生活毫不相干的讀者，這是蠻有意思的。我們很難去誇大曹雪芹或者張愛玲的創作情懷，特別是張愛玲。當然有很多作家指出，說她的胸懷小呀，眼界窄呀，當然這是一種說法，從某種意義上說也是一種事實。他們不是托爾斯泰，不是雨果，也不是魯迅，他們就是從個人出發，局部出發。這個出發點，它本身不是宏大的，但恰好是這個不宏大的出發點，我認為最後造就了宏大的創作，造就了一個宏大的文本，這個大，那是真的大，不是吹的大。

《紅樓夢》是一曲挽歌，對於曹雪芹，我一直認為他出於緬懷之心，由於無法挽回失去的一切，而看清了一切。所以曹雪芹提供的人生出路不是向前走，而是抽身離去，他認為人與現實最好的處理方式就是抽身離去，從本質上說，這是逃避和放棄。對於張愛玲來說，她

顯赫的家族背景和血統更多的其實是在發黃的家譜和她那個所謂的《對照記》上留下的一組組照片中。她對人生的態度，更多的是與經歷無關。除去敏感的天性，她不描述人生的出路，也許是出於懷疑之心，也許是她自己不知道是否有出路，所以她不作結論。因此是站在這世界的一角，不挽留也不放棄，默默地堅持。「堅持」這個字眼看起來不符合張愛玲的情調，但恰好是張愛玲唯一堅持的對現實的態度，就是我說到的，張愛玲那兒的事實，她所發現的現實，就是再堅持一步。再堅持一步，終歸，無論是好是壞，結果總會水落石出，是這樣的一個堅持。

那麼作為一個讀者，我們被一部小說打動，其實是一個長長的情感鏈條的連鎖反應，我剛才一直在說這個鏈條，儘管說得有點亂，但它真的像鏈條。這鏈條的最後一節，是理性出來發言的，作者對人生的出路，對未來可以不表態，但對現實生活來說，它需要一個清晰的態度。如何認識生活，如何打理現實，他們是要為讀者做示範的。我剛才其實就是說的他們如何認識生活，如何打理現實，做的這麼一個示範。

從某種意義上講，我們談張愛玲的小說，談愛情的局部，其實同學們是愛聽的。下面說到張愛玲的《傾城之戀》，我建議同學們看，別說女同學該看，男同學也該看。男同學一看不僅會認識到張愛玲的好，還會認識到就是我剛才極力闡述的張愛玲教你如何認清現實，這是講述男女關係的。《傾城之戀》就像篇名一樣，寫的是一場艱難時勢裡志在必得的愛情。《傾城之戀》裡的女主人公叫白流蘇，還是對比吧，白流蘇老讓我想到《紅樓夢》裡的林黛玉，這是不通的，但我就這麼想，沒辦法。因為流蘇離婚後是投奔娘家的，黛玉家道中落後

是投奔外婆家的，那麼白流蘇家的白公館和榮國府作為兩個時代的弱女子的棲身之所，一樣的親情冷漠，人言可畏，這是一個共同的處境，共同籠罩著她們的生活範圍。黛玉的孤單畢竟籠罩著親戚們虛情假意的面紗，大家知道，比如賈母、王熙鳳、王太太等。而白流蘇生活的時代，一切都是赤裸裸的，她是上海人，流蘇無辜的靈魂每天經受著世俗勢利之人的拷打。我的感覺是，在這樣的拷打之下，白流蘇被拷打成了薛寶釵。也許她原來是林黛玉，在世俗的這麼一個拷打之下，我覺得她整個被拷打成了薛寶釵，所以白流蘇是林黛玉的命，薛寶釵的心。她為自己尋找出路，出路是那個男主人公。《傾城之戀》的男主人公叫范柳原，好多男同學都不知道，就叫他老范好了。在曹雪芹的時代，對於林黛玉和薛寶釵來說，賈寶玉代表著一個諾言，或者代表金玉良緣、天作之合。而在張愛玲的目光裡頭，對於白流蘇這個女人來說，愛情與婚姻就是生存的條件。一個范柳原代表好男人，一座好靠山。所以《傾城之戀》之所以傾城，不在於這場愛情是轟轟烈烈的，而恰好在於工於心計的，幾乎可以稱之為智力競賽的戀愛。尤其男同學會說了，什麼叫工于心計、智力競賽的戀愛？其實在如今這個時代也比比皆是，但是張愛玲早在七十年前就已經讓我們看到《傾城之戀》中的愛情是一種什麼樣的愛情。

這場戀愛談得讓人心力交瘁，也讓讀者喘不過氣來。大家知道，《傾城之戀》的背景是香港，這是張愛玲小說當中背景比較特別的。白流蘇是上海人，但是故事發生在香港，是白流蘇一個人漂泊到了香港。隨著香港遭空襲，人心惶惶中，白流蘇和范柳原走到一起，白流蘇的愛情勉強成功，是一場空襲改變了他們愛情的結局。即使它勉強成功，還是讓我想起了黛玉在瀟湘館的彌留時刻，也想起了薛寶釵的

婚紗被賈寶玉揭開的情景，薛寶釵在那一瞬間也變成了無辜者。薛寶釵的美滿婚姻剛剛開始，但從情感角度看，她和林黛玉一樣也是一個彌留者。

在相隔一百多年的時空裡，曹雪芹和張愛玲在做著同樣的工作，為世間的男女提供一個樣本，提供所謂的愛情的真諦，是他們所發現的，或者是他們所預測的。該樣本的一致性在於，都是一個女子把餘生的幸福寄託在一個男子身上。黛玉是寄託在寶玉身上，他們愛得非常率性，只要看過《紅樓夢》的都知道，愛得非常純粹，愛得百分之百的投入，結局是生死兩地、各奔東西。寶玉和寶釵，一個不愛，一個愛得順應時勢、順應人勢，結果是個錯誤，明顯這是寶釵的愛。而張愛玲筆下的白流蘇和范柳原之愛其實是我們今天所說的現代人，所謂我們現代人的這麼一種情感生活：愛得理智，愛得猶豫，愛得保留，愛得有心計，最後終成眷屬。

對比一下，我們可以看到愛情的古典風範和現代藝術。這兩部小說，我估計《紅樓夢》大家都看過，但是《傾城之戀》不一定都看過。我一直覺得特別有意思，我可以說曹雪芹是中國最偉大的作家，不敢說張愛玲是中國最偉大的作家，但我一直認為張愛玲寫愛，或者說寫情感的真相，真的是大師。曹雪芹時代男女性別角色是不平等的，張愛玲的時代這不平等仍然存在。值得探討的是曹雪芹的續寫者高鶚，大家知道《紅樓夢》後40回是他續寫的。在高鶚那裡，他其實通過黛玉之死傳達了一次愛情觀，通過賈寶玉婚後的出走又傳達了一次愛情觀，概括起來就是：寧為玉碎，不為瓦全。而張愛玲則讓走入婚姻的白流蘇傳達了她的聲音，守住「瓦」，才守得住「玉」。這是一個非常現代的帶有一點世俗的愛情觀，這很有意思。或者說「瓦」

和「玉」的差別根本就是不存在的。張愛玲的文字和心境都很有古典情懷，大家看張愛玲都知道，她一生都是《紅樓夢》的忠實讀者，她對《紅樓夢》的熟悉程度讓所有研究《紅樓夢》的人吃驚。但她的目光不是曹雪芹的目光，她是入世的。

我一直認為探討這兩者，雖然一部是中篇小說，一部是長篇小說，我們的文化巔峰，我把它們放置在一起探討不太勻稱，但是因為要說這個問題，這樣說得比較清楚。張愛玲的目光是入世的，她與現實是可以商量的，她作品中的男女，包括她自己，與現實有商有量，所以張愛玲筆下的男女永遠在下棋，不是賈寶玉跟大觀園裡的小姐、丫鬟那樣下著玩，張愛玲筆下的下棋，尤其是女主人公的下棋，是賭一個命，在與男性對弈的過程當中，其實也是在和女性的現實下棋。她的所有的人物都是跟現實下棋，要分出一個真正的勝負，張愛玲筆下的女性，也大都能勝出。大家無論是看《金鎖記》也好，《傾城之戀》也好，張愛玲筆下的女性形象在下棋的過程當中是能勝出的，儘管有時候是險勝，甚至是慘勝。但是因為她是與現實有商量的，堅持了或許就是勝利。

所以說來說去，曹雪芹也好，張愛玲也好，他們都不是自己那個時代最好的代言人，但他們都是在一個狹窄的、局部的空間裡傳達了時間的鐘聲、現實的鐘聲。他們是敲響現實鐘聲的人，是在這麼窄小──與戰爭無關，與我們所說的宏大關懷無關──的空間裡，敲響現實鐘聲的人。這鐘聲有對於時代的節奏的模擬，但最準確也最堅定的是，這鐘聲傳達了人心的節奏。所以讀者們首先發現的是人心的節奏，讀者發現了這個節奏也就發現了自己的內心。所以這時候大觀園不再是寶玉、黛玉的世界，它是我們所有讀者的現實社會。張愛玲的

上海、香港也不再陌生，它對於讀者產生了非常真切的壓力。這種虛構的對於現實生活的壓力，就是我剛才所說的，是作家施加于讀者頭上的，同時也是讀者自動參與的結果。因為她的小說中，在人物那裡你總會找到有一次呼吸，哎呀，是我的呼吸，有一次夢囈，這是我的夢囈，就是這麼一種交集。在這樣的閱讀經驗裡，讀者必須承認自己是被操縱的。他們捧起一部作品，是準備超脫現實，但一部優秀的文學作品從來不具備休閒功能，它展示的貌似鬆弛的生活似乎是別人的，最後必然成為你自己的，最後你被作家按在所謂的現實的堅硬的板凳上。你的失落在於此，你閱讀的滿足恰好也在於此。

我們經常聽到有人如此評價一部文學作品：「這部小說好，很真實」，或者說「這部小說不好，是胡編亂造的」。其實讀者對於真實的需要，在作家來說你的需求往往是忽略不計的。作家一方面離不開讀者，另一方面又對讀者採用其實是獨裁專制的手段，與其說他們心裡裝著讀者，不如說他們想著另一件事情：怎樣讓你相信我，我發現的比你經歷的更重要，你是被生活的假像蒙蔽的，所有被蒙蔽的事物，我來替你發現。聽我的，我是老大。作家們總是使出渾身解數來讓讀者相信，我的現實才是你的現實。所以閱讀也是一場戰爭，作家要俘獲讀者，必須讓讀者在作品裡遭遇他的現實，這就有戲劇性了。容易遭遇的現實讀者往往已經發現，借助長時間了解的事情並不需要閱讀，我都知道的事情，看你一本破書幹什麼？因此，形形色色的現實也都有各自的王牌，就像我們剛才所說的張愛玲的王牌、曹雪芹的王牌，具有震撼力的那一部分往往被生活的灰塵所覆蓋，它在生活的角落裡，在生活的陰影裡。作家征服讀者需要出示那張王牌，而王牌的出示通常有讀者意想不到的手法，甚至是危險的手法。

下面我要談點手法，先說真實性的顛覆。我們剛才說到的真實，所謂真實，首先需要吻合我們生活的秩序，否則叫什麼真實呢？這秩序和時間跟空間的法則密切相關，這裡也有學理工的同學，最清楚這種法則了。就像一個鐘錶，它永遠是順時針走，但是在一些野心勃勃的作家這裡，鐘錶可以逆時針走。有野心的作家往往試圖在小說中重新安排現實生活的秩序，至少是需要對那種秩序修修補補的。我下面要舉一些例子，同學們估計會不知道我所說的怎樣讓鐘錶逆走，而你會理解這是生活的一種現實，就是這個作家的這樣一部小說。

　　有一個古巴作家，他蠻奇怪的，是生活在二十世紀五六〇年代社會主義旗幟下的一個作家，叫卡彭鐵爾，他有一篇小說叫作《種子旅行》。這篇小說，大家從網上可能不一定能找到，同學們如果細心地去找一些關於拉美經典短篇小說的選本，我估計十有八九有眼光的都會看它。這篇小說開頭寫一個老人死了，然後從他死亡開始那一刻，他的生命在漸漸地用一種逆時針方式，在這樣退，退，退。所以他是先死，然後是他八十多歲，接著是他七十多歲，最後寫他回到了母親的子宮裡，是這樣逆著走的。這樣來寫他的一生，這樣來寫他看世界的一個方法。最後他作為一個受精的胚胎在母親的子宮裡孕育，小說到此就結束了。這是短篇小說，不長，但我要說的是這樣的一個文本，一個作家在這個文本裡顛倒時空，逆向地展開人生。

　　當然同學們可以說這種逆時針的敘述只不過是一種文學手法，他當然不能改變時間的流逝、生命老去這種基本常識。另外一方面，我們不得不說這樣的一篇小說，令他的所有讀者，包括我看的時候，有一次瀕死體驗。你知道嗎，瀕死體驗是我看了這篇小說，我覺得我跟那個老人一樣先死去，然後漸漸地我的老年來到了。一部小說，它會

產生這樣的一個磨礪，在一剎那間。我不認為它是完全的一個文學手法的成功，恰好我認為，這個作家怎麼能想到老人死了以後，小說的結尾卻是回到母親的子宮裡，成為一個胚胎，靜靜地蹲著？恰好這就是我剛才所說的，就是這麼一個認識世界、認識時間、認識生命的一個眼光和一種發現，有時候會促使你想很多很多。所謂發現事實、發現生活的真相，有時候不是通用常規的手法，你也不能說有時候是一種醍醐灌頂，有一個神秘的光環，他的所謂的發現現實的形式，在一個寫作者那裡，就如此形形色色，如此豐富特別。

在我看來，《種子旅行》這篇小說，不僅是令我，我相信也令所有讀者有了一次瀕死體驗。細細地回味，總結一個老人的一生，沒有什麼比時光倒流更加有效。大家仔細想想也真是的，也沒有一種文學常規比這樣的反向描述更逼近真實。我也不知道文學理論上有沒有什麼所謂的反向描述，這是我自己瞎說的啊。有時候大家習慣了所有的邏輯都是正向的，有時候也可以試試反向，逆時針，會發現一些在正常情況下你發現不了的生活的真相。

下面再舉一些例子。卡夫卡的《城堡》大概讀過的男同學比女同學多。《城堡》的意思在於極端地披露了一種人類的困境，故事乍看是違背常識的，因為你看前面的三分之一你就清楚了，那是不可能的。它主要寫的是土地測量員K，他看得見一座城堡，但他無法真正到達那裡，而城堡不是一個海市蜃樓。我們把它理解為荒誕也好，理解為一種什麼現代派的技巧手法也好，它不是這麼回事。我們依據常識知道海市蜃樓看得見的地方終究是可以抵達的，但是卡夫卡告訴我們，肉眼看見的是虛無的，很多地方、很多目的地最終都是無法抵達的。你看見有什麼用，它不一定代表真實。你看見的城堡永遠無法抵

達，這才是現實的王牌。我剛才所說的作家手裡的王牌，卡夫卡手中是這樣一張王牌，這張王牌在很多人來看是超越常識的。另一方面，現實的王牌往往具有預言和寓言的雙重功效。在卡夫卡的《變形記》裡，孤獨的格里高爾變成了一隻蟲子，那是一個黑色的冰冷的寓言，他描述了人類噩夢般的境遇。在我看來，那只蟲子是一個偉大的預言，卡夫卡提前宣布了很多哲學家、思想家日後非常熱衷討論的問題。我記得特別清楚的就是二十世紀八九〇年代整個哲學界、思想界都在討論一個關於人的異化的問題。我也始終覺得關於人的異化的問題怎麼這麼熟悉，為什麼你們今天還在討論？卡夫卡在多年前就把這個結果告訴你們了，你們還在討論「異化」。「異化」，這是一個非常奇特的創作發現。當然，我這裡可能會惹很多哲學系的同學不高興，有時候一個短短的小說，一個偉大的短篇小說，有可能會揭示一個研究了多年的哲學問題。

下面談談德國著名作家湯瑪斯‧曼的《魔山》。建議大家去看一下《魔山》，如果不是專修文學的就不必看了，因為很厚，我也覺得看起來很累，但是有時候看著累的書其實是有價值的。在《魔山》裡，我們看見了另外一張現實的王牌。《魔山》是一部德國小說，非常具有德意志人民的特徵，那種沉重、那種思考，還帶有一點點焦躁、有點神經質，這是很典型的一部小說。

大致內容我無法講，因為《魔山》是很厚的一本書。它寫一個非常孤獨的，不甘於做一個尋常人的一個青年，叫漢斯。他去一家療養院看望他的一個表兄，他那個表兄得了肺結核。在當時，肺結核是一種不治之症，這基本上是宣判了死刑的，但是死不了那麼快。所以肺結核成為某種象徵和暗喻，預示著死亡離你不遠，但你現在還有一口

氣。漢斯就去一個療養院看他的表兄，一個非常簡單的探視病人的過程，但是結果，我們所說的關於時間和空間的魔山，在這部小說當中表達了出來。他去的療養院是一座山，這座山是一座魔山，他進得去出不來了。時間在這裡是不一樣的，所以他本來準備去七天，結果他再也走不出這座魔山，在那裡一連待了好幾年，出不來了。那個療養院裡有來自世界各地的病人，當然它是狂歡式的，有點超現實的。《魔山》是帶有一點超現實意味的。人們都在享受疾病，等待死亡，結果漢斯在那裡待了七年。然後，小說大概八分之一的篇幅，寫漢斯好不容易出來了，一出來就碰上一場戰爭，一出來就被征了兵，一征了兵在第一場戰役就死掉了。湯瑪斯·曼用這樣的手法給我們描述了一個男孩子最悲催的人生，就是漢斯的人生。

所以我剛才所說的人變蟲子是卡夫卡發現的現實，而人走不出時間的圍困，走不出生命的魔山，是湯瑪斯·曼發現的現實。所以你們知道現實的這張王牌從來沒有「福祿壽喜」、「恭喜發財」這樣的字樣，它往往是直指人心的；它從來不製造歡樂和祥和，恰好它往往給你製造一種痛感，一種鈍鈍的痛感。那麼我們需要這種痛感嗎？當然需要，因為我一直覺得所有的日常生活給予我們太多的脂肪，而這樣的痛恰好是給我們減肥的。我認為最優秀的作家往往不是那些親切溫和的作家，所以我們必須對嚴肅與沉重保持尊敬，尤其是我們剛才所說到的《魔山》。

最優秀的作家也無法窮盡這個世界上所有的真相，所以我們虔誠地接受他們給予的那部分現實。我們所需要的現實也許很大，是氣勢磅礡的；也許很小，小到我們難以發現。我以一位詩人的一句話作為今天這個議題的概括。現實生活中，人總是在構想天堂在哪裡。那首

詩寫道：天堂在哪裡，天堂在一粒沙裡；一粒沙子啊，天堂在一粒沙子裡。我一直想說，我們所設想的，所有的作家也好，所有的讀者也好，我們在生活當中想要尋找的那個現實，它也有可能藏在一顆沙子裡頭。這樣的一顆沙，它與卡夫卡相遇，與湯瑪斯·曼相遇，才變成了我們剛才說的那種令人震驚的現實，讓我們心中永遠有隱隱的痛，這種痛，最後為我們所堅持，成為我們永生的營養。

形形色色的作家在小說裡虛構了形形色色的世界。在每一個好的小說世界裡都可以看見作家精心營造的現實，這個現實與人們的社會生活有時候有隔閡，可能隔了一層窗戶紙，可能隔了一座山，小說裡的現實與我們隔山相望。但有時候這座山突然就消失了，我們走進小說，小說籠罩我們，那便是作者、讀者與現實三位一體的融合，是文學的神奇一刻。小說對現實的指涉功能，小說對未來的預見，甚至也會超出我們的常識。

愛倫·坡的短篇小說《瑪麗·羅傑的秘密》，特別有意思，也是跟我今天所講的內容有關的一個小說。因為大家知道愛倫·坡經常推理，他的推理帶一點「哥特式」，就是帶一點鬼怪，帶一點恐怖，他是推理加「哥特」的這麼一個小說人。他寫過一篇小說，是根據當時美國的一個小報報導的一個兇殺案，一個賣花女在紐約被殺害了，然後找不到兇手，警察局當時很無能，但是這個案子就使整個紐約城的賣花女特別恐慌。然後有傳言說所有的賣花女都將被這個兇手殺害，所以一時間賣花女絕跡，在當時引起很大的轟動。然後愛倫·坡對這個新聞事件特別感興趣，一直要以這個為素材寫一部小說，同時他在等待警察局為這件案子結案，但遲遲也結不了。愛倫·坡等不及了：我來寫一篇小說吧。所以愛倫·坡的《瑪麗·羅傑的秘密》就是寫殺

害紐約賣花女的這個兇手，跑到了巴黎，在巴黎，這個兇手終於有一天落網了，很簡單，就是這麼個事。很神奇的是，在這個小說發表後不多久，破案了，兇手就是在巴黎抓到的。這是一個極端巧合的例子啊，這個案子的發展神使鬼差，就像小說情節一樣。這個例子告訴我們，一個作家在他的書房裡，也是可能發現一個兇手的行蹤的，只要你是愛倫‧坡。

2013年於華中科技大學演講
華中科技大學當代寫作研究中心

莫言小說與諾貝爾文學獎的價值觀

謝有順　中山大學教授

■ 一、文學比政治更永久

很高興來華中科技大學講演。講些什麼好呢？來之前，我向主辦方報了幾個題目，最後，負責人選了這個題目，要我講莫言，可見莫言獲諾貝爾文學獎的熱度還在。講莫言也好，因為莫言和貴校這次講座活動還有些淵源。去年春天，我和莫言、方方幾位老師一起在海南做一個文學獎的評委，當時方方就約定了我和莫言作為今年的春講嘉賓，後來他得了諾貝爾文學獎，太忙，就來不了了。那就由我來講講莫言吧。

莫言獲得了去年的諾貝爾文學獎，這是一件大事。最近幾個月，總有記者來採訪，或者來邀約開講座，但我每次要講莫言，總會不自覺地想起他的名字。莫言自己說，他取「莫言」這個筆名，是為了紀念那個不能講話的年代——那種只能沉默的痛苦，今天恐怕很少人能夠理解了。而對於他這次獲獎，大家卻說得太多了。當我看到報紙、網路，包括那些對當代文學毫無了解的人，都在談論莫言，我已沒有多少說話的願望。但我研究莫言的小說，也熟識莫言本人，常有見面、連繫，國內唯一由莫言審定和認可的《莫言評傳》是我主編的叢書裡的一本。評傳的作者是葉開博士，他最初並不想寫這本書，我在給他的約稿信中說，等莫言獲了諾貝爾文學獎之後，你就是最重要的

莫言研究專家了，以後的研究者恐怕就很難繞過你了。這話打動了他。這是在二○○七年，沒想到預言成真。莫言獲獎之後，我為莫言高興，他受之無愧。

我和莫言的第一次見面是在二○○一年初，我們一起在北京領一個文學獎。頒獎後半年多，我們卻拿不到獎金。我倒不急，可莫言是已經答應了將這筆獎金捐給一所鄉村學校的，這錢一直兌現不了。他怕學校那邊有想法，於是給我來了一封信，大意是說，我催他們幾遍了，都沒用，你是報社記者，你出面催一下，或許會有效果。後來我真寫了封信給大獎組委會，很快獎金就給我們打來了。我想，肯定不是我的記者身分起了作用，而是組委會剛好把獎金籌措出來了吧。這件事令我印象深刻。後來，見面的機會就多了。他是隨和、寬厚、智慧之人，和他在一起，沒有壓力，而且處處能體會到一個從鄉土裡長出來的人的那種質樸感。他記憶力好，口才好，又機智。記得十年前在大連的一個正規場合講話，會議主辦方臨時要莫言講話，他講得很好，而且大量用四字排比句，有詼諧、調侃和反諷的效果。前幾年，王蒙兼任中國海洋大學文學院院長，還專門邀請我和莫言去青島，我們三人一起與那裡的學生做了幾次對談，莫言也是講得很好的。莫言平時還愛寫打油詩，大概是出於一種好玩的天性，他自己並不太當真，但他獲獎之後，這些打油詩也被網友挖出來，有些還被刻意地嘲諷。

莫言獲獎之後，已經無處藏身，他的人與文，都成了社會各界熱議的對象。文學界歡呼，知識界卻不乏批評的聲音。官方也興奮起來了，或發賀信，或借由莫言大談中國文學走出去的戰略。而在莫言的老家，有媒體報導，說地方政府要投入六七個億，在高密種植萬畝紅

高粱，推出紅高粱文化體驗區，還要改造莫言舊居。為此，領導跑到莫言家，對他九十高齡的父親說，兒子不再是你的兒子，屋子也不再是你的屋子了，你同不同意都未必管用。有網友就抬槓說，政府不單要種紅高粱，還要種上幾萬畝紅蘿蔔，養上幾萬隻青蛙，再找一些豐乳肥臀的山東美女來做導遊，文化旅遊業就會做得更加有聲有色。還有媒體報導，莫言老屋附近，不僅蘿蔔被人拔光了，連青草也被人拔光了。各地的報紙雜誌，幾乎都出了莫言獲獎的專題，以致有人呼籲，要警惕過度消費莫言。莫言自己倒很清醒，他在記者會上說，莫言熱很快就會過去。我也覺得，在獲獎之初，國人參與討論、熱議這一文化現象，都是正常的事情，不必過度解讀此事。

但莫言這次獲獎所引發的熱潮、爭議，規模之大、之久，還是令人非常吃驚。尤其是文學中人，大多沒有想到，在文學如此落寞的今天，一個作家的獲獎還能受到如此關注，而且這一話題好多天來居然席捲了整個網路世界，這是難以想像的。何以如此？我想，一方面，諾貝爾文學獎畢竟是全世界最有影響的文學獎，而且這個獎持續評了百年以上，它所累積下來的影響力和價值觀，任何人都很難忽視它；另一方面，中國人有著根深蒂固的諾貝爾獎情結，而且和諾貝爾獎之間的關係一直都很糾結。之前並不是說沒有華人拿過諾貝爾獎，只是這些拿諾貝爾獎的人，幾乎都有外國國籍，如丁肇中、李遠哲、朱棣文、崔琦、錢永健、高錕、李政道、楊振寧等人。

莫言獲獎之後，這個獎對於中國人的意義就不同了，它也改變了中國人對諾貝爾獎的觀感。在此之前，不少人認定諾貝爾獎是有政治偏見的，沒想到，莫言和主流現實之間的關係近年稍微和順了，他反而得了獎，一些人為此又嫌諾貝爾獎的政治性不夠強了。還有一些公

共知識分子感到詫異，何以像莫言這樣的共產黨員作家也能獲得諾貝爾獎。說這話的人，顯然不了解諾貝爾獎。事實上，在此之前獲獎的作家，至少一九六五年的肖洛霍夫、一九七一年的聶魯達、一九九六年的希姆博爾斯卡、一九九八年的薩拉馬戈、二〇〇四年的耶利內克、二〇〇七年的萊辛，都是共產黨員。薩特也是，但他沒去領獎而已。這些政治身分，對獲不獲獎似乎並不重要。莫言小說的瑞典文翻譯者陳安娜女士日前說：「以前很多人批評諾貝爾文學獎評委，說這個獎太政治化，現在有人批評他們說這個獎不夠政治化。瑞典有一句俗語：『無論你轉身多少次，你的屁股還在你後面，意思就是說，無論你怎麼做，人家都會說你不對。」陳安娜所說的中國人的文化心結，在對待諾貝爾獎這件事上一覽無遺。

現在，莫言得獎了，很多中國作家的心態也許都要調整了——看來，光在姿態上迎合諾貝爾獎的價值觀，或者熱衷於討好、猜度評委的心思，都是徒勞的。諾貝爾獎評委會能把一種評獎遊戲玩一百多年，而且玩得如此成功，最根本的還是因為他們堅持了某種藝術理想，即便有政治偏見，也並非主流。遍觀歷屆獲獎者，儘管諾貝爾獎也遺漏了很多優秀的作家，但總體而言，一百來個獲獎作家中，沒有誰是很差的作家。一個諾貝爾文學獎，遺漏該得獎而沒有得獎的作家是難免的，但絕不能讓不該得獎的作家得獎了，這是底線。我覺得，諾貝爾文學獎還是守住了這一底線的。

有意思的是，一些知識分子對這次莫言獲獎的反應卻很強烈，甚至還有一些有名的文化人，他們不僅覺得莫言不該得獎，還憤怒到說這是諾貝爾獎歷史上最黑暗、最恥辱的一天，云云。我覺得，這樣說就太誇張了。這個反彈，主要是由莫言也參與抄寫了「講話」一事引

發的，它在網路上發酵得非常厲害。由這事的激辯，也可看出中國知識界確實已經喪失共識，現在大家探討任何問題，都開始變得困難重重了。莫言後來在記者會上沒回避這個問題，而是做了正面回答。他說他不後悔這事，並舉出了自己不後悔的理由。我倒覺得莫言是坦誠的，假若一個人做了一件事情，事後看情形不對，又說自己後悔了，這反而更令人生厭。作家作為一個獨立的創造者，不抄別人的東西，當然會更好，但真抄了，似乎也要具體分析，不要輕易就下大的判斷，因為事情可能並不像一些人想像得那麼複雜。

在這點上，德國漢學家顧彬先生的態度挺有意思。他之前是批評莫言的，批評得很厲害，說莫言的小說很陳腐之類。莫言得獎後，他接受《南方週末》的採訪時，他的觀點已經大變：「我說的不一定都是對的。宣布莫言獲獎後沒多久我就接到了德國之聲的電話，我當時的回答還是老一套，我沒有來得及思考。這些天我問我自己，我精英文學的標準不可能也是錯的吧？好像我是少數的。德國非常有名的作家馬丁・瓦爾澤歌頌了莫言後，我覺得我應該重新反思我的觀點。反正，德國讀者不太喜歡看我們的精英作品，寧願看美國和中國的長篇小說。」看了他的表態，你可以說顧彬沒有立場，不敢堅持自己的觀點，你也可以說顧彬表示出了要重新了解莫言的誠懇——這樣的誠懇是有價值的。

很多人對莫言的作品並不熟悉，更缺乏把莫言放在文學史脈絡中來審視的能力，僅憑一些碎片式的觀感，是不足以認識一個複雜的作家的。

這令我想起《三聯生活週刊》上的一段話：「文學不是生活中的必需品，他（莫言）的小說你也可以喜歡或不喜歡，選擇或不選擇，

但起碼，你須先了解這是一位什麼樣的作家、寫什麼樣的作品，明白他的作品與我們當今社會發生著怎樣的關係。」這確實是討論莫言的一個理性前提。你喜不喜歡是一回事，你了解不了解又是另一回事。不了解莫言，對莫言這三十年所走過的文學旅程一無所知，由此所做出的判斷必然是可疑的，甚至還會誤讀莫言、冤枉莫言。譬如，莫言當選為中國作家協會副主席，很多人都以為他就是副部級官員了，他們不知道，兼職副主席是沒有級別，也不享受什麼待遇的。又如，莫言得了上一屆茅盾文學獎，他的作品就被人視為主旋律作品，這就更是外行了。《蛙》肯定不是主旋律，它對當代社會的批判是非常淩厲的。事實上，你若了解莫言所走過的寫作之路，就知道，無論是他的小說還是他的人生，都不是一些人想像得那麼懦弱，他批判社會，也承受由此而來的壓力。從二十世紀八〇年代中期開始，對莫言的批判，包括嚴厲的政治批判，一直都是存在的，連莫言脫下軍服，轉業到地方工作，都是某種批判的結果。當年他寫《紅高粱》、《歡樂》、《紅蝗》，就受到了很多的批評，到他發表《豐乳肥臀》，對他的批判更是達到了頂峰。為了審查這部「大毒草」，有關部門成立了兩個工作組，一章一章地審查，壓力可想而知（詳情請參閱葉開《莫言評傳》第五章）。後來莫言自己也述說了這段經歷，當然他說得很輕鬆，但實情肯定比他說的還嚴峻。這段經歷很有意思，大家不妨了解一下：

他們讓我做檢查。起初我認為我沒有什麼好檢查的，但我如果拒不檢查，我的同事們就得熬著夜「幫助」我，幫助我「轉變思想」。我的這些同事，平時都是很好的朋友，他們根本就沒空看《豐乳肥臀》，但上邊要批評，他們也沒有辦法。其中還有一個即將生產的孕

婦，我實在不忍心讓這位孕婦陪著我熬夜，我看到她在不停地打哈欠，我甚至聽到了她肚子裡的孩子在發牢騷，我就說：同志們，把你們幫我寫的檢查拿過來吧。我在那份給我羅列了許多罪狀的檢查上簽了一個名，然後就報到上級機關去了。第二天，我們的頭兒找我談話，說光寫檢查還不行，必須要有實際行動。我說您指的實際行動是個什麼行動？他說，你能不能給出版社寫一封信，以你個人的名義，要求出版社停止印刷這本書，已經印出來的要封存銷毀。我說要禁你們自己去禁，我自己不能禁我自己的書，但我們領導知道我的弱點，就再次組織我的同事們幫助我，其中當然還有那位少婦。我這個人意志薄弱，一看到那位孕婦，我的心就軟了，我想，不就是一本書嗎，禁就禁吧，與她肚子裡的小孩子相比，我的《豐乳肥臀》算什麼？於是我就給出版本書的出版社寫了一封信，請他們不要加印，印出來的也要就地銷毀。（見莫言《小說的氣味》一書）

當然，正版一禁，盜版肯定蜂擁而來。據莫言自己的保守估計，盜版起碼在五十萬本以上。

《豐乳肥臀》是莫言自己最看重的作品，他覺得這部作品最為沉重，也最有藝術性，但遭遇如此曲折的命運，著實令人感慨。現在的作家，可以把被批判、被禁都當作自我宣傳的機會，但在《豐乳肥臀》出版的年代，批判和禁止一部圖書，對作者還是有巨大壓力的。之後，類似的政治批判越來越少，但在文學層面上對莫言的批評一直沒有停止，他的《檀香刑》、《蛙》都曾遭遇猛烈的批評。《蛙》能得茅盾文學獎，要得益於評獎制度中的公開投票環節，眾目睽睽之下，熟悉文學現場的人，都知道難以回避莫言的存在。其實，未必是莫言需要這個文學獎，而是一個文學獎的權威性，需要一大批優秀的作家

站在那裡。在今天這個社會，改變自己命運，有些人是選擇妥協，有些人是選擇出賣人格，但還有一些人是選擇把自己做大做強，使對手不能再無視你的存在——後者才真正值得尊敬。莫言的被認同，應該屬於後者。莫言近年來的文學風格並無根本變化，也未見他在寫作上做出什麼妥協，但他的文學地位，尤其是他在國際上的影響和以前大不相同了，已是最有國際影響力的中國作家了，這就迫使一些人要開始正視莫言的存在——我更願意從這個角度來理解莫言何以會被主流現實所認可。

莫言作品中的批判品質，但凡讀過他作品的人，都會有深刻印象。即便是在生活中，據我所知，莫言也不是卑躬屈膝的。當然，莫言很聰明，知道在什麼場合講什麼話，但有時他也大聲疾呼。電影界有人回憶說，賈樟柯電影解禁以前，莫言曾當面對國家電影管理局副局長說，你們封殺這樣的導演就是罪惡。後來，賈樟柯很快解禁，是不是莫言的話起了作用，無從考證，但當時聽見這話的有導演霍建起和編劇蘇小衛等人，他們都覺得能這樣對領導說話的文人，當下的中國，已經不多。因此，我們不必苛求作家，更不能要求作家都去做政治的抗議者，作家所關心的，終歸還是人類心靈中的那些秘事。

莫言在獲獎後的記者會上說：「作家是靠作品說話的，作家的寫作不是為哪一個黨派服務的，也不是為哪一個團體服務的，作家寫作是在他良心的指引下，面對著人的命運，人的情感，然後做出判斷。」

這是有道理的。好的文學，肯定比政治更大。有一句話是這樣說的，文學比政治更永久。蘇東坡、王安石都曾投身政治，到今天，有多少人記得他們的政治觀點呢？流傳下來的是他們的詩文。王安石和

蘇東坡兩個人政見不和，有矛盾，今天讀他們的詩文時，他們的政見分歧都不重要了，被超越了。一個作家的作品是否能流傳下去，終歸還是要看其藝術價值如何。政治永遠是當下的，此時的，但文學是普遍的，永恆的，人性的，它有比政治更永久的價值。

因此，我不贊成用單一的政治視角來看待莫言這次的獲獎。假若中國出了一個作家，能獲得世界性的認同，唯獨在他自己的民族中卻遭遇冷眼和冷嘲，甚至惡意的踐踏，而不能對他做出公正的評價，這是不正常的。我們應該有一種氣度，一種對文化的創造力做出肯定的氣度。莫言的得獎，未必能改變中國文學的現狀，但它至少對中國文學在世界範圍內的傳播是有正面價值的。這些年來，中國社會到處彌漫著一種如何才能發展文化軟實力的焦慮，尤其是在國際競爭中，我們還拿不出真正有感召力和吸引力的文化產品，在民族精神的展示上，還顯得很貧弱。中國經濟方面的成就令世界側目，軍工業的發展也進步神速，但是，一個國家如果沒有文化輸出，沒有那種有高度、有影響力的文化符號來詮釋自己的國民精神，這個國家就永遠不會被人尊敬。中國生產的物質產品可以賣到世界各地去，可有過出國經歷的人都知道，中國給人的印象依然是一個物質中國，沒有多少外國人會覺得中國是一個文明之邦。他們都在用中國製造的產品，卻不知道、也不想知道中國也曾生產孔子、老子、曹雪芹和魯迅。

物質中國是對中國最嚴重的簡化。我記得，前幾年《時代週刊》評封面人物，登的是中國工人，幾個中國工人穿著灰色的工服，滿臉疲憊地站在那裡，這就是很多西方人對中國的想像，這就是他們認定的中國形象。中國確實有很多工人在流水線上，他們那疲憊、無奈、痛苦的表情，也是中國現實的一種，但中國絕不僅僅是這些。只是，

整個西方，大都沒有耐心聽我們的解釋，更沒有誠意來了解一個真實的中國，他們骨子裡對中國精神的漠視，才是對中國真正的傷害。這種傷害，甚至比貿易制裁和貿易歧視更嚴重。可是，我們一直沒有什麼機會來修正西方人對中國這種扭曲的認知，因為我們缺乏有說服力的精神產品。

莫言這次獲諾貝爾文學獎，應該是一個很好的機會，世界由他的作品而重新認識中國，是一件好事，他的作品，呈現出了一種和當下的宣傳所不同的中國──這個中國，是文學的，也可能是更真實的。假若在物質中國以外，我們能向別國輸出一個文學中國，這才是真正的軟實力。中國形象和中國語言，比中國經濟和中國物質更富精神內涵，這是毫無疑問的。

蔣經國的兒子蔣孝嚴曾說：「經濟能使一個國家壯大，軍事能使一個國家強大，但只有文化才能使一個國家偉大。」這話多少有一點誇張，但如果「偉大」指的是一種精神、靈魂或者人格的話，文化的作用就比經濟、軍事更大。那些曾經貢獻過偉大作家和藝術家的國家，即便今天經濟不行了，也沒人敢藐視它的存在，道理正在於此。但我也反對把莫言得諾貝爾獎的意義進行盲目昇華，所謂莫言得獎反映了中國的強大以及世界影響力的提升一說，顯然是牽強了。文學是個體的精神創造，和國力如何並無直接的連繫。諾貝爾文學獎也經常授予小國作家，或者亂離中的作家，若單純以國力論，這些就都難以解釋了。

也有人說，由莫言來作為中國文明的傳播者，只會讓西方看到我們這個民族的醜陋、落後、陰暗，甚至黑暗的一面，莫言的小說，充滿著這方面的描寫。這令人想起前些年對張藝謀的批評，也說他是在

講述發生在中國偏僻角落那些離奇、醜陋的故事，這不僅不能讓人更好地認識中國，反而會帶來新一輪的偏見，把愚昧、落後的中國形象固化在西方觀眾的心中。這當然是一種觀點，但未必全面。尤其是莫言的小說，和張藝謀電影的美學趣味是有很大不同的。莫言的作品揭示黑暗和惡，他當然也嚮往美好，比如《蛙》，就有對生的關切與禮贊，但這樣的段落不多，他更多的是摹寫現世在欲與惡中的狂歡。他為何不對這種赤裸的罪與醜輕易做出道德審判？我想，他知道文學的態度不是決斷，而是發現，不是斥責和批判，而是理解和寬恕。但我們不能由此就認為莫言認同了這種現實，更不能因此就認為莫言喪失了批判立場。

文學的魅力不在於寫那些黑白分明、結論清晰的事物，而是在於寫生活的模糊區域和無窮可能性，在於描繪那種過去不能回答、今天不能回答、未來也未必能夠解答的生存困境。

▌二、諾貝爾文學獎的價值觀

諾貝爾獎評審委員會表彰莫言「將魔幻現實主義與民間故事、歷史與當代社會融合在一起」，這只說出了莫言小說的一個側面，但由此也可看出，他們所關注的，依然是莫言的小說本身。我更願意相信，莫言之所以能得獎，是因為他的小說契合了諾貝爾獎的價值觀。那麼，諾貝爾文學獎的價值選擇有哪些特點呢？從歷屆獲獎作家的風格看，我概括了一下，以下四點可能是較為鮮明的。

第一，具有批判精神。

對歷史、社會和人生的省悟，一直是文學的責任之一。不和當下主流意識形態合流，拒絕成為這個時代膚淺的合唱者，堅持批判的立

場，並努力挖掘人生內部的風景，這已成為諾貝爾文學獎對作家的一種標準。批判性，未必指的就是政治異議，也可以是一種人生態度，即對當下的現狀保持一種警覺，並思索人生的困境和真義。有一種批判，是面對社會和強權的，比如索爾仁尼琴、布羅茨基等人，許多時候是一種正面的對抗；還有一種批判，是個體主義的，像阿爾貝·加繆、薩繆爾·貝克特等人，更多的是追問個體所體驗到的荒謬和痛苦的深度，這也昭示了一種生存的真實。不屈從于現有的秩序，不停止對理想世界的想像，或者寫那個理想中的世界永遠不會到來的絕望，這些都是二十世紀以來獲諾貝爾獎的作家思考的主題。那種甜蜜的對現實的投誠，和諾貝爾獎的價值觀是格格不入的。

莫言小說的這種批判性一直存在，而且越到後來，越發的尖銳、寬闊。他的《紅高粱》、《紅蝗》、《歡樂》，還有長篇《天堂蒜薹之歌》、《酒國》，這些寫於二十世紀八〇年代中後期、九〇年代早期的作品，對中國歷史和現實的批判是非常嚴厲的，在那個年代，甚至有著巨大的顛覆意義。他寫抗日，不完全站在階級或政治的立場上寫，而是站在人性的角度上寫，不只共產黨抗日，土匪、國民黨也抗日，他們中也有講義氣、勇敢的人，那種蓬勃生長的野性和生命力，是任何階級觀念所不能概括的，它就是一種人性的存在。這樣的視點，顯然超越了過去的狹隘觀念，更具人性的豐富性，也更加深刻。他寫《天堂蒜薹之歌》，起因是山東老家附近一個縣的蒜農，因為政府的原因，蒜苗賣不出去，蒜農就在政府前焚燒蒜苗，後來演變成了惡性事件。這是一部很具現實感的小說。這部小說發表之後，那個縣的一些人就威脅莫言說，只要敢踏上他們的地盤，他們就要如何如何，但莫言並不懼怕。莫言獲獎之後，一切都不同了，家鄉的人視他為一筆

財富，整套旅遊開發的計畫都做出來了，我覺得，這才是真正的魔幻現實主義。

　　他的小說的批判性有時也是隱藏的，或者通過形象說出來的。《生死疲勞》裡，就有這麼一段話：「我在陰間鳴冤叫屈時，人間進行了土地改革，大戶的土地，都被分配給了無地的貧民，我的土地也不例外。均分土地，歷朝都有先例，但均分土地前也用不著把我槍斃啊！」這個反思貌似隱蔽，其實也是嚴厲的。我現在接觸一些材料，知道當年對待一些地主，手段還是過於嚴酷的。多年前，我看過一本公開出版的《劉文彩真相》，就讓我知道了另一個劉文彩，和之前的宣傳完全不一樣的形象。我到過四川劉文彩的老家，知道他投不少錢來興辦教育，到了週末，若是下雨，還用自己的小轎車送學生回家，這是很難得的。作家在面對這些歷史時，最怕接受現成的結論，而成了政治的傳聲筒，假若小說能塑造出各種情境下的人性景象，就能為粗疏的歷史補上血肉和肌理。直接跳出來發表看法，或者聲嘶力竭地喊，反而喪失了文學獨有的力量。《檀香刑》裡的形象，就是一種邪惡人格，把邪惡當作審美，這是很奇怪的一種人格。莫言把劊子手和看客的心理寫得很徹底，讀之令人驚悚。莫言身上還真是有一些魯迅的影子，只是他的批判性和魯迅不一樣，魯迅是啟蒙者的姿態，而莫言則更多是冷靜、平等的審視、揭示。一些讀者無法接受《檀香刑》裡大篇幅的對酷刑的描寫，由此認為作者的內心也是寒冷的。這並不符合文學批評的原則，我們不能由此否定這部小說所隱藏的批判性。沒有批判性，莫言不可能受到諾貝爾文學獎的關注。據我所知，諾貝爾文學獎的評委普遍精通幾門外語，他們評定一個作家，不只是看瑞典文翻譯，還要收集英文版、德文版或法文版，通過不同譯本的對

照，來做出最終的抉擇。這些評委都是專業讀者，他們做出的判斷，可能會有偏差，但不會離譜得太厲害。對此，我們還是要公正地看待。

第二，描繪鄉土現實。

鄉土代表一個民族和國家的基本經驗，尤其是在中國，離開了鄉土，你就無從辨識中國人的精神面貌。中國都市的發展，更多是重複、模仿發達國家所走過的路程，並沒有形成自己的風格。因此，二十世紀以來比較有成就的中國小說家，幾乎都有鄉鎮生活的背景，最令人難忘的作品，也多半是寫鄉土的。諾貝爾文學獎所關注的別國的作家，很多也是從鄉土背景出發進行寫作的。在給莫言的頒獎詞裡所提到的瑪律克斯和福克納，寫的也是鄉土記憶——他們可能是影響莫言最深的兩個外國作家。莫言自己回憶，一九八四年十二月的一個下午，下大雪，他從同學那裡借到了福克納的《喧嘩與騷動》，讀了之後，就大著膽子寫下了「高密東北鄉」這幾個字。福克納說自己一生都在寫那個郵票一樣大小的故鄉，莫言顯然受此啟發，也想在中國文學版圖上創造一個屬於自己的文學故鄉。他一九八五年發表的《白狗秋千架》和《秋水》，最早使用高密東北鄉這個地名。儘管後來莫言說自己並不喜歡《喧嘩與騷動》這書，而只喜歡福克納這個人，但這並不影響福克納對他的文學地理學的建構所起的決定性的作用。莫言似乎更喜歡《百年孤獨》，他說自己「讀了一頁便激動得站起來像只野獸一樣在房子裡轉來轉去，心裡滿是遺憾，恨不得早生二十年」，他沒想到那些在農村到處都是的東西也能寫成小說，「這徹底粉碎了我舊有的文學觀念」。瑪律克斯本人也有這樣的經歷，他說自己第一次讀到卡夫卡的《變形記》時，才知道小說原來可以這樣寫。

我相信對高密東北鄉的發現，包括因福克納、瑪律克斯的影響而對傳統的線性敘事時間的突圍，徹底解放了莫言的想像力。莫言找到了自己和故鄉之間的精神通道，那個儲藏著他青少年時期全部記憶和經驗的故鄉，他終於知道該如何回去，又該如何走近它、表現它了。莫言曾把自己的故鄉用了一個非常重的詞來形容，叫「血地」，這是母親養育自己並為此流過血的地方，任何人都無法擺脫故鄉對他的影響、感召和塑造。

故鄉留給我的印象，是我小說的魂魄，故鄉的土地與河流、莊稼與樹木、飛禽與走獸、神話與傳說、妖魔和鬼怪、恩人與仇人，都是我小說的內容。（莫言《故鄉往事》）

要想在文學史上留下印記，作家就必須創造出屬於他的文學王國，要找到他自己的寫作根據地。莫言是比較早有這種寫作自覺的人。沒有地方性記憶，也就談不上有自己的寫作風格。魯迅的未莊、魯鎮，沈從文的邊城，賈平凹的商州，張承志的西海固，韓少功的馬橋，蘇童的香椿樹街，史鐵生的地壇，莫言的高密東北鄉，既和地理意義上的故鄉有關，也是源於虛構和想像的精神故鄉。在這樣的文學王國裡，作家就像國王，想叫誰哭就叫誰哭，想叫誰餓就叫誰餓，想叫誰死就叫誰死，甚至連一根紅蘿蔔、一片紅高粱，都可以被他寫進文學史，這就是文學的權力。

這種寫作根據地的建立，我相信是莫言寫作風格化的重要路標。他要把自己的故鄉寫成中國農村的一個縮影，應該說，他的努力今天已見成效。哲學家牟宗三說「真正的人才從鄉間出」（《周易哲學演講錄》），這個說法意味深長，至少它對於文學寫作而言，還是有道理的。鄉土是中國文化的土壤，內裡也藏著中國的倫理，以及中國人

如何堅韌地活著的故事，這樣的故事往往最為諾貝爾文學獎評委們所關注和喜愛。

第三，堅持藝術探索。

不但要探索，還要是一個用現代手法寫作的人。自二十世紀中葉以來，諾貝爾文學獎幾乎未曾頒發給傳統作家，獲獎作家都是現代主義的，在藝術上有探索精神的人。諾貝爾文學獎重視和表彰那種能夠敞開新的寫作可能性的作家，不僅福克納、瑪律克斯等人，即便海明威、帕慕克等人，還有那些詩人，他們的寫作也都貫徹著現代精神。很多作家在獲獎以前，作品不一定好賣，甚至由於他們所堅持的探索姿態較為極端，讀者可能很少。諾貝爾文學獎也關注這類作家，並借著對他們的表彰為這些探索加冕。譬如新小說派作家克洛德·西蒙，我相信一般讀者都未必讀得懂他的《弗蘭德公路》、《農事詩》，即便像埃爾弗裡德·耶利內克，很多人也未必喜歡她那種寫法，但在他們身上，確實體現出了一種藝術的勇氣——不屈從于現有的藝術秩序，堅持探索和實驗，不斷地去發現新的敘事可能性。並不是說所有的小說都要用新的方式寫，但文學之所以發展，作家之所以還在探索，就在於藝術的可能性沒有窮盡。有可能性的藝術才有生命力。

今天的藝術可能性，就是明天的藝術常識；文學的發展，就是不斷地把可能性變成常識。譬如，我們讀魯迅的小說，都覺得好懂，寫法樸實，但在魯迅寫作的那個時代，他的小說寫法是新的，是具有強烈的探索風格的。《狂人日記》裡的內心獨白、心理分析、第一人稱敘事，這些對於當時的中國小說而言，都是全新的開創。魯迅寫祥林嫂之死、孔乙己之死，包括《藥》裡面的英雄夏瑜之死，處理方式也和傳統小說不同。傳統小說寫主要人物，都是正面描寫的，魯迅剛好

相反，他把人物的遭遇這些本應是主體的情節，虛化成背景，把那些本應是背景的，當作主體來描寫。他往往通過一些旁觀者，那些周遭的人的感受和議論，來觀看一個人的命運，這就是現代敘事。按照傳統的敘事，祥林嫂的遭遇要正面描寫，孔乙己是如何被打的，打得又是如何悲慘的，也要大寫特寫，這樣才能喚醒讀者對他的同情。魯迅對此卻不著一字，只是寫孔乙己被打之後如何用手坐著走過來，其實就是爬到小酒館來的，他寫了他手上的泥，寫了他如何試圖保持最後的可憐的自尊，也寫了周遭的人如何看他、議論他。夏瑜之死甚至完全沒寫，只是背景，但這個背景成了小說的主體，這是很新的一種寫法。這個寫法，今天已顯得普通，當時卻開創了一個小說的新局面，這就是所謂的藝術可能性成了藝術常識。當年的朦朧詩，有些人說看不懂，為此對它進行了聲勢浩大的批判，把它形容為「令人氣悶的『朦朧』」，可今天讀北島、顧城、舒婷等人的詩歌，誰還會覺得晦澀、朦朧呢？朦朧詩甚至都入選中學課本，連孩子們都讀得懂了。當年的新潮，今天都成常識了。好比時裝設計，模特身上穿的，是一種美學趨勢，這些服裝真正進入大眾的日常生活，還需要一些時間；但今天的趨勢，明天就會成為生活本身。藝術探索也是如此。

　　莫言從成名至今，他給人的印象，就是一個探索型的作家。他的成名作《透明的紅蘿蔔》，那種原始的、通透的感覺，那些比喻和描寫，在當時是全新的。他的《紅高粱》，你只要讀第一句，「一九三九年古曆八月初九，我父親這個土匪種十四歲多一點」，就能感受到他在講述歷史和祖輩故事時，有了完全不同的敘事口吻。敘事態度不同即代表歷史態度、人性態度不同，這為莫言後來的寫作，敞開了一個新的世界。《紅蝗》的探索性就更強了，時空轉換，意識流，人稱變

化，藝術上令人目不暇接。到了《歡樂》這部長篇幅的中篇小說發表，莫言的反叛性更加肆無忌憚，寫法也更令人不適，第二人稱，不分行，鄉村生活的美好徹底崩潰，思想上也褻瀆土地、母親，莫言似乎要對自己來一次大發洩、大清理，甚至蹂躪自己的靈魂，然後再輕裝上陣。《天堂蒜薹之歌》、《十三步》，藝術上日趨成熟，尤其是對小說結構的處理，不少都是之前中國小說所未見。《酒國》、《豐乳肥臀》、《檀香刑》都貫注著對歷史文化的反思。寫法上，《檀香刑》大量借鑑了民間戲曲、說唱藝術，創造了一種具有中國風格的敘事語體，《生死疲勞》則直接借用了章回體小說的形式，《蛙》用的是書信體，這些在藝術上其實都是要冒險的。

也有人不理解莫言的這種轉向，比如德國漢學家顧彬，就覺得一個用章回體結構寫作的人，他的文學觀念肯定就是陳舊、腐朽的。顧彬持這種觀點是可以理解的，經歷了二十世紀以來的藝術探索，假若今天的作家再退回到十九世紀的寫法上，那肯定是不能容忍的。必須張揚和召喚一種文學的先鋒精神，才能一直保持寫作的現代感。但這個問題，在中國的文學語境中要複雜得多。我們之前一直認為先鋒就是前進，就是新，就是破壞，現在看來，先鋒不一定都是一往無前的，後退也可以是先鋒。所謂先鋒，本質上就是和這個時代作著相反的見證，拒絕合唱，堅持獨立的觀點。二十世紀八〇年代，小說要從陳腐的藝術現狀中突圍，寫作上學習西方的現代藝術，這是先鋒；如今，向西方學習，用現代手法寫作成了主流時，莫言轉身從中國傳統中汲取敘事資源，這種後撤，也可以認為是另一種意義上的先鋒。

應該承認，莫言出版《檀香刑》之前，當時幾乎沒有先鋒作家開始意識到需要重新理解傳統和現代的關係，至少還沒有出現一種向傳

統敘事尋找資源的寫作自覺。莫言比較早就意識到，在自身的文化傳統中尋找資源，不僅不是陳舊的表現，而且還是一種創新。當中國這二三十年把西方這一百多年的藝術探索都學習了一遍之後，什麼是中國風格、中國語體、中國氣派，這當然就成了一個問題。借鑑和學習並非目的，如何讓自己所學的能在自己的文化土壤裡落地，這才是最重要的。我很高興這些當年的先鋒作家，到了一定時候開始深思這個過去他們極度蔑視的傳統問題，先是莫言，後來又有格非。格非的《人面桃花》，也是深得中國傳統的韻味，無論語言還是感覺，都告別了過去那種單一的西方性，而從自身的文化地實現了重新出發。王蒙在二十世紀八〇年代也是藝術的弄潮兒，可前些年出版的《尷尬風流》，令人想到更多的是中國傳統的「文章」的味道。

　　這其實是一種趨勢，它意味著寫作的風潮開始發生根本的變化。過去我們一味求新，學西方，但骨子裡畢竟無法脫離中國文化的語境，這就迫使我們思考，應該如何對待中國的文化資源。矯枉過正的時代過去了，唯新是從的藝術態度也未必可行了。這一點，從作家為人物取名字這事上就可看出來。二十世紀八〇年代的小說探索，經常有作家會把人物的名字取成1、2、3、4或者A、B、C、D，把人物符號化，以表徵個性已被削平，現代人內心的深度也消失了。但在今天的語境裡，中國作家若再把人物的名字取成1、2、3、4或A、B、C、D，我想，哪怕是最具先鋒意識的讀者恐怕都不願去讀了。為什麼呢？就是因為閱讀語境發生了變化。中國人的名字是隱藏著文化信息量的，比如，當你看到我的名字，謝有順，就會想起王有福、張富貴、劉發財之類，知道取這樣名字的父母可能是農民，大約是什麼文化水準。但如果我叫謝恨水或者謝不遇，後面的想像空間就不一樣

了。如果我叫謝清發，大家自然會想到李白那句詩，「蓬萊文章建安骨，中間小謝又清發」。取名也是一種中國文化。我們講文化自覺，並不是抽象的，而是可以從很具體的寫作中看出來的。

在這個背景下，就能看出莫言當年的後撤，其實也包含著某種先鋒的品質，也有探索的意味在裡面。有些探索，明顯是故意的，是誇張的，目的是為了引起注意，呈現一種姿態。在今天這個消費主義時代，保持著這種創新、探索精神的人，並不是太多。文學界近年充滿著藝術的惰性和精神的屈服性，平庸哲學大行其道。莫言的獲獎，也許可以提醒一些人，小說不僅是在講故事，它還是講故事的藝術。

第四，要有寫作理論。

這點不為一般人所注意，是我概括出來的。但這是事實。之前獲得諾貝爾文學獎的作家，都有自己的寫作理論，有些還出版了多部講稿或談話錄來闡釋自己的寫作主張，這對於認知他們的寫作、確證他們的寫作價值，都起到了重要的作用。無論福克納、瑪律克斯、馬里奧·巴爾加斯·略薩，還是奧德修斯·埃里蒂斯、切斯拉夫·米沃什、埃利亞斯·卡內蒂、庫切、赫塔·米勒等人，都有大量的創作談或理論文字，反復解釋自己為何寫作，並詮釋自己的世界觀。有寫作理論，就意味著這個作家有思想、有高度。前段時間為何網上有那麼多人討論莫言應該在斯德哥爾摩發表怎樣的獲獎演說，應該講些什麼，其實就包含著讀者對莫言的期待。

諾貝爾文學獎作家的演說詞很多都是名篇，裡面都閃爍著動人的藝術光澤和價值信念。假若一個作家不能很好地概括自己的寫作，不能為自己的寫作找到合適的定位，並由此說出自己對世界、歷史、人性的一整套看法，他的寫作重要性就會受影響。而在眾多的中國當代

作家中，莫言算是一個比較有想法的作家，他有大量的創作談或採訪錄，都在談寫作，談文學與社會的關係。他的一些思考未必深刻，但樸實而真切，符合寫作的實際，也提出了一些自己的概念或說法，我相信這對於他的作品傳播和作品研究是有意義的。

關於這一點，從二〇〇〇年諾貝爾文學獎競爭中北島的落選，就可得到證實。北島沒能得獎的另一個因素，據我的猜測，是和他沒有自己的寫作主張有關。他除了寫詩，寫散文，幾十年來都沒有認真闡釋過自己的寫作，更沒有什麼理論文字問世。沒人知道北島的寫作觀點是什麼。一個作家，光有出色的作品而沒有自己獨特的文學觀念，沒有思想性，至少對於諾貝爾文學獎評委而言是不夠的。我相信北島吃了這方面的虧，莫言卻受益於此。這些年我一直沒有機會見到北島，如果見了，我會建議他對自己的寫作做些總結和概括，把自己深化一下，他還不算老，創造力並未枯竭，還有機會獲獎。而且下一次若有漢語作家獲獎，可能性最大的就是詩人了，而詩人中，可能性最大的還是北島——我這樣說的時候，國內一些小說家可能會傷心了。我希望他們也交好運。

當然，諾貝爾文學獎的評獎標準還有很多，上述幾項基本原則卻是缺一不可的，至少中國作家要獲獎，沒有批判精神，不用現代手法，就幾乎沒有獲諾貝爾文學獎的可能——這兩點尤為重要。

▍三、莫言小說的特質

必須看到，莫言並不是因為獲獎才變成重要作家的，他所建構的文學王國，一直是當代中國的重要象徵之一。「他通透的感覺、奇異的想像力、旺盛的創造精神、汪洋恣意的語言天才，以及他對敘事探

索的持久熱情，使他的小說成了當代文學變革旅程中的醒目界碑。他從故鄉的原始經驗出發，抵達的是中國人精神世界的隱秘腹地。他筆下的歡樂和苦難，說出的是他對民間中國的基本關懷，對大地和故土的深情感念。他的文字性格既天真，又滄桑；他書寫的事物既素樸，又絢麗；他身上有壓抑不住的狂歡精神，也有進入本土生活的堅定決心。這些品質都見證了他的複雜和廣闊。從幾年前的重要作品《檀香刑》到二〇〇三年出版的《四十一炮》和《豐乳肥臀》（增補本），莫言依舊在尋求變化，依舊在創造獨立而輝煌的生存景象，他的努力，極大地豐富了當代文學的整體面貌。」這是我當年為莫言獲得華語文學傳媒大獎時撰寫的授獎辭，概括了莫言的一些文學特質，但我覺得莫言的寫作要比這個寬廣得多，他的存在，能夠讓我們看出當代文學的豐富和匱乏。

那莫言小說最重要的特色是什麼呢？可以談的有很多，今天，我只想說我在閱讀中印象最深的三點。

第一，感官徹底解放。

讀莫言的小說，你會覺得莫言不僅是在用心寫作，他還用耳朵寫作，用眼睛寫作，用鼻子寫作，甚至用舌頭寫作。他的寫作，是全身心參與進去的，每一個感官仿佛都是活躍的，所以在他的小說中，可以讀到很多的聲音、色彩、味道，以及各種幻化的感覺，充滿生機，有趣、喧囂、色彩斑斕；就感官的豐富性而言，當代沒有一個中國作家可以和莫言相比。我們經常說當代文學的面貌貧乏、蒼白，原因就是作家的感官沒有獲得解放。小說若只有情節的推動，而沒有聲音、色彩、味道，沒有器物、風景的描寫，聽不到鳥叫，看不到田野和花朵的顏色，就會顯得單調、乏味。

小說是活著的歷史，也是對生活世界的還原，它不僅要寫人物的命運，還要呈現人物生活的場景。小說的世界裡，應該有人，有物，有情。

　　即便是風景描寫，也不是可有可無的。讀魯迅或沈從文的小說，他們筆下的風景，會像畫一樣呈現在我們眼前，魯迅的是蒼涼，沈從文的是精細、詩意。讀屠格涅夫、契訶夫的小說，他們筆下的草原和森林，也會給我們留下深刻印象。莫言的小說也是有風景、有色彩的，這得力於他瑰麗的想像力。莫言聲稱自己只是小學畢業，讀書不多，早年在寫作上的老師更多是大自然，是生活本身。「每天在山裡，我與牛羊講話、與鳥兒對歌、仔細觀察植物生長，可以說，以後我小說中大量天、地、植物、動物，如神的描寫，都是我童年記憶的沉澱。」這樣的感覺訓練、記憶儲備，對於寫作而言，是一筆巨大的財富。躺在青草地上，看白雲飄動，花朵開放，看各種小動物覓食、打架，了解事物與事物之間的差異，感受世態的冷暖，這樣的經驗，未必是每個人都有的。

　　何以鄉土生活經驗對於作家那麼重要？鄉土經驗是有差異的，城市生活卻面臨著經驗的雷同與貧乏。有一天，我坐在書房，突然想，我已多年沒有見過真正的黃昏或凌晨了。在都市里，早晨起得很遲，根本見不到萬物在晨曦中蘇醒的樣子；傍晚呢，天未暗下來，所有路燈就亮了，也見不到萬物被黑暗所吞噬的過程。我們幾乎生活在白晝和黑夜區別不大的世界裡，黃昏和凌晨，都只是一個概念而已，已經不再是現實中的一種。在都市里，甚至從小到大的成長過程中，大家喝的飲料，吃的速食，穿的衣服、鞋子，甚至用的文具或文具盒的牌子都幾乎是一樣的，從南到北，從新疆到海南，建築同質化，飲食同

質化，生活的差異越來越小，經驗的豐富性也就不復存在了。有一個「80後」作家對我說：「我已經無法寫《紅樓夢》式的百科全書式的小說，因為時代不同了，我只能寫內心的秘事，或者耽於幻想。如果要寫風景或器物，我只能寫千篇一律的水泥建築，或者認真地寫一個LV包的光澤和住五星級賓館的感受？」那就太無聊了，這樣的經驗很多人都有，並無特殊之處。

這確實提出了一個新問題：在經驗貧乏之後，寫作何為？莫言應該感到慶倖，小時候那些記憶，那些在放羊或割草的生活中所積攢下來的經驗和體驗，成了他小說中最為生機勃勃的部分。比如，莫言小說經常寫饑餓，這和他的童年記憶相關。「那時候我們身上幾乎沒有多少肌肉，我們的胳膊和腿細得像木棍一樣，但我們的肚子卻大得像一個大水罐子。我們的肚皮仿佛是透明的，隔著肚皮，可以看到裡邊的腸子在蠢蠢欲動。我們的脖子細長，似乎挑不住我們沉重的頭顱。」（莫言《饑餓和孤獨是我創作的財富》）沒有這種經歷和體驗的人，是很難把饑餓寫得如此真實、生動的。這令我想起《蛙》的開頭，莫言寫孩子們是怎樣吃煤的：

陳鼻首先撿起一塊煤，放在鼻邊嗅，皺著眉，仿佛在思索什麼重大問題。他的鼻子又高又大，是我們取笑的物件。思索了一會兒，他將手中那塊煤，猛地砸在一塊大煤上。煤塊應聲而碎，那股香氣猛地散發出來。他揀起一小塊，王膽也揀起一小塊；他用舌頭舔舔，品咂著，眼睛轉著圈兒，看看我們；她也跟著學樣兒，舔煤，看我們。後來，他們倆互相看看，微微笑笑，不約而同地，小心翼翼地，用門牙啃下一點煤，咀嚼著，然後又咬下一塊，猛烈地咀嚼著。興奮的表情，在他們臉上洋溢。陳鼻的大鼻子發紅，上邊布滿汗珠。王膽的小

鼻子發黑，上面沾滿煤灰。我們癡迷地聽著他們咀嚼煤塊時發出的聲音。我們驚訝地看到他們吞咽。他們竟然把煤咽下去了。他壓低聲音說：夥計們，好吃！她尖聲喊叫：哥呀，快來吃啊！他又抓起一塊煤，更猛地咀嚼起來。……陳鼻大公無私，舉起一塊煤告訴我們：夥計們，吃這樣的，這樣的好吃。他指著煤塊中那半透明的、淺黃色的、像琥珀一樣的東西說，這種帶松香的好吃。

不但吃煤，還吃有紅鏽的鐵，吃蟲子，吃螞蚱，莫言都寫得有聲有色。我還能記住很多莫言小說中的細節。他寫自己小時候，如何孤獨地坐在炕頭或樹下，看院子裡蛤蟆怎麼捉蒼蠅。他將啃完的玉米棒子扔在地上，蒼蠅立刻飛來，「碧綠的蒼蠅，綠頭的蒼蠅，像玉米粒那樣的，有的比玉米粒還要大，全身是碧綠，就像玉石一樣，眼睛是紅的。」這是形體、色彩的描繪。「看到那蒼蠅是不斷地翹起一條腿來擦眼睛、抹翅膀，世界上沒有一種動物能像蒼蠅的腿那樣靈巧，用腿來擦自己的眼睛。然後看到一隻大蛤蟆爬過去，悄悄地爬，為了不出聲，本來是一蹦一蹦地跳，慢慢地、慢慢地，一點聲音不發出地爬，腿慢慢地拉長、收縮，向蒼蠅靠攏，蒼蠅也感覺不到。」這是動作的分解，源於他細緻的觀察。「到離蒼蠅還很遠的地方，它停住了，『啪』，嘴裡的舌頭像梭鏢一樣彈出來了，它的舌頭好像能伸出很遠很遠，而後蒼蠅就沒有了。」（《莫言王堯對話錄》）真是有聲有色。莫言說：「我小時候就觀察這些東西，蚊子、壁虎、蜘蛛，向日葵上的幼蟲，鍋爐上沸騰的熱氣……」這些都被莫言寫進了小說。在《透明的紅蘿蔔》裡，他寫「當她的情人吃了小鐵匠的鐵拳時，她就低聲呻喚著，眼睛像一朵盛開的墨菊」，寫菊子姑娘的右眼裡插著一塊白色的石片時，又說「好像眼裡長出一朵銀耳」。他寫自己小時候

掉到茅坑裡，大哥把他撈上來按到河裡沖洗，他說自己「聞到了肥皂味兒、魚湯味兒、臭大糞味兒」。色、香、味俱全。我想，很少有作家具有這種寫作耐心，把看到、聽到、想到和聞到的，都用如此生動的筆墨寫出來。莫言確實有異乎常人的想像力和感受力。

《蛙》裡還寫，那個地方有一個古老的風習，生下孩子，喜歡以身體部位和人體器官為孩子取名，譬如陳鼻、趙眼、吳大腸、孫肩、陳眉、王肝、王膽、呂牙、肖上唇、肖下唇等等，太有意思了。我不相信中國有哪一個村莊的人是這樣為孩子命名的，但僅此一點，也可見出莫言那天馬行空的想像力。

莫言的小說，幽默而不枯燥，色彩絢麗，讀起來也顯得舒緩、從容，敘事裡有旁逸斜出的東西，有多餘的筆墨。有些作家，把小說情節設計得緊張而密不透風，根本沒耐心停下來寫一寫周邊的環境，寫一棵樹，一條河，或者一個人的眼神，沒有閒筆，敘事反而顯得不大氣。俗話說：「湍急的小溪喧鬧，寬闊的大海平靜。」大作家的小說多半是從容、沉著的，古典小說經常穿插對一桌酒菜或一個人的穿著打扮的描寫，或者時不時來一個「有詩為證」，就是為了追求這種從容的效果。契訶夫有一篇小說以草原的風景描寫為主體，讀之也令人津津有味，這才是大作家的才賦。有一個作家說，好作品如大動物，都有安靜的面貌，這是真的。在動物園，獅子和老虎沒事往往是不動的，只有小鳥才嘰嘰喳喳，大動物反而安靜，「動如火掠，不動如山」。有一次聽王蒙老師說，大人物走路都是不慌不忙的，你看那些大領導，出場時都是慢慢走的，你們鼓你們的掌，我只管慢慢走；如果一報他的名字就著急地跳上臺的人，他會是大人物麼？所謂「虎行似病」，老虎走路就像病了一樣，緩慢、搖擺，但一旦遇見獵物，就

矯健兇狠。大作品也應該有這樣的節奏感，一張一弛。感官的解放，閒筆的應用，這些貌似不起眼的寫作才能，卻是能起到大作用的。

第二，語言粗糙駁雜。

莫言的小說語言風格獨特，裡面所隱藏的力量感、速度感也是一般作家所沒有的。他這種語言風格為很多人所批評，覺得過分粗糙了，遠談不上精緻、嚴謹，這些都是實情。莫言喜歡放縱自己在語言上的天賦，他似乎也無興趣字斟句酌。但莫言的語言如此粗糙、駁雜，未嘗不是他有意為之，他似乎就想在一瀉千里、泥沙俱下的語言洪流當中建立起自己的敘事風格。莫言是北方人，正規教育唯讀到小學畢業，如果要他和別的作家，尤其是南方作家比精緻、優雅、規範，這絕非他的長處。況且，文學語言的風格是豐富的，精緻只是其中一種，這就像我們的日常語言，說的很多都是廢話，但它帶著生活的氣息和質感。生活未必要時時說金句和格言，有時也需要說點廢話。「我愛你」就跡近廢話，可生活中反復說，有些人百聽不厭。

莫言的長處是他的激情和磅礴。那種粗野、原始的生命力，以及來自民間的駁雜的語言資源，最為莫言所熟悉，假若刪除他生命感覺和語言感覺中那些枝枝蔓蔓的東西，那他就不是今天的莫言了。莫言所追求的語言效果正是泥沙俱下的，普通話中夾雜著方言、土語、俚語、古語，極具衝擊力和破壞力，有些作品由於過分放縱，節制力不夠，也未必成功，但無論你是否喜歡，都能令你印象深刻。莫言的寫作方式也和他人不同。據他自己介紹，他每一部作品，哪怕是長達幾十萬字的長篇小說，往往都是幾天或幾十天內寫出來的，而且不用電腦，只用筆寫。顧彬對此就有點不屑，他覺得一部篇幅浩大的長篇，幾十天就寫完了，這必然是粗製濫造。莫言的回答很巧妙，他說儘管

這些作品寫的時間很短，但這些故事、這些人物早在他心裡醞釀十多年了，就像女人孕育孩子，瓜熟蒂落的時間不長，但懷孕的時間很漫長。一種題材，一個人物的命運，在作家內心醞釀、沉澱了多年才開始寫出來，而一寫就停不住，洶湧而出，這是完全有可能的。有些作家一天就寫千兒八百字，他習慣慢，細心琢磨，一字一句；有些作家則崇尚一瀉千里，一發而不可收。莫言顯然屬於後者。

這種寫作風格、語言風格的不同，與作家的氣質、個性相關，甚至與作家的身體狀況有關。魯迅寫不了長小說，他的文章越到後來寫得越短，這和魯迅所體驗到的絕望感有關，他從小說寫作轉向雜文寫作，就表明他對小說那種迂回、曲折、隱蔽的表達方式已感不足。面對當時深重的黑暗現實，他更願意用短兵相接、直抒胸臆的方式把自己所想說的說出來，所謂「放筆直幹」，就是這個意思。這不僅和魯迅的思想體驗有關，也和魯迅的身體、疾病有關。作為一個肺結核病患者，他呼吸常常急促，氣息不夠悠長，這註定魯迅寫不了長東西，而且他的文章也大量用短句子。莫言的小說則有大量的長句子，這點和魯迅不同，他體魄強健，氣息是不同的。寫作和身體的關係，並不是臆想，是有道理的。像普魯斯特，一個花粉過敏者，一天到晚躲在書房裡，寫作上就難免耽於幻想，敘事也會崇尚冗長和複雜，《追憶逝水年華》幾大卷，就具有一個冥想者的全部特徵。卡夫卡也是肺結核病人，他寫的也多是短小說。

莫言用的語言是普通話，但中間夾雜著大量民間的口語、俚語，但也不是刻意的方言寫作。還有一些古語，保存在山東方言裡的，用在小說中，也顯得古雅、有趣。莫言說在他們老家的方言中，保留了不少古語，譬如說一把刀鋒利，不說鋒利，而是說「風快」；形容一

個女孩子長得漂亮，不說漂亮，而說長得「奇俊」；說天氣很熱，不說很熱，而是說「怪熱」。這些詞，現代人也能理解，用在小說中就顯得古雅而有趣。莫言的小說語言是多重的、混雜的，未必規範，但有活力，而且狂放、恣肆、洶湧，這是一個很大的特點，也是在別的作家身上所未見的。有些作家崇尚精雕細琢，譬如讀汪曾祺的小說，都是大白話，沒有什麼裝飾性，也很少用形容詞，但你能感覺到他的語言是考究的，用詞謹慎；讀格非的小說，書卷氣很濃，他用書面語，有時還旁徵博引，但也不乏幽默，這和他一直在大學教書有關；讀蘇童的小說，在語言上你就能感到一種南方生活潮濕、詩意的氛圍；讀賈平凹的小說，語言上有古白話小說的神韻，也有民間的土氣。莫言的語言風格比他們更為駁雜。他說自己小時候特別愛說話，是個多話的孩子，後來他把強烈的說話欲望，都轉化到紙上了。莫言的語言有時是對生活的模仿，充滿聒噪的色彩，有時是對傳統語言和倫理的挑戰，是一種狂歡。

語言既是一種工具，也是一種哲學。二十世紀最重要的哲學之一就是語言哲學，文學最重要的革命也是關於語言的革命。維特根斯坦的哲學之所以深邃，就在於他對語言有了全新的理解。二十世紀八〇年代有一個重要的口號：怎麼寫比寫什麼更重要。不是我在說話，而是話在說我。確實，一種敘事許多時候是被一種語言所決定的，語感不對，敘事甚至都無法進行。余華說他寫《活著》，寫了幾稿都覺不對，最後把敘事人稱轉換成「我」之後，一下子就順了。莫言也有過這種經歷，可見一種敘事語言會決定性地影響一個作家的寫作。

莫言並不願意守舊，他在《酒國》、《十三步》裡，探索用不同人稱敘事，《檀香刑》也是如此，用了不同的視角，創造了一種全新

的講故事的方式。語言上，莫言更是有狂歡精神，褻瀆的、嘲諷的、滑稽的、幽默的、莊重的、深情的，彙聚於一爐，斑斕而駁雜，有時也會令人不快。但這就是莫言，一個為他自己的語言世界所塑造的莫言。

第三，精神體量龐大。

有些作家是優雅、精緻的，但莫言不屬這種，他的風格是粗糲而有衝擊力的，無論是敘事的多樣性，還是人物命運感的寬闊、飽滿，都異于一般作家。尤其是他小說中那片熱土，為他的人物在其中的掙扎、奮鬥、抗爭，活著和死去，提供了一個極富張力的背景。莫言特別重視人物塑造，他說：「不管社會怎樣千變萬化，不管社會流行什麼，不管寫出來是否可能引起轟動，我只是從我記憶的倉庫裡去尋找那些在我頭腦裡生活了幾十年、至今仍然難以忘卻的人物和形象，由這些人物和形象把故事帶進作品結構中去，這樣的寫作，往往容易獲得成功。」（莫言《寫什麼，怎麼寫》）莫言筆下的人物，具有概括性，也有寬度和厚度。他回憶自己寫作《豐乳肥臀》的緣起，是一次在北京地鐵口出來，他看到一個坐在地鐵口給孩子餵奶的農村婦女，不是一個孩子，而是兩個孩子。

這兩個又黑又瘦的孩子坐在她的左右兩個膝蓋上，每人叼著一個乳頭，一邊吃奶一邊抓撓著她的胸脯。我看到她的枯瘦的臉被夕陽照耀著，好像一件古老的青銅器一樣閃閃發光。我感到她的臉像受難的聖母一樣莊嚴神聖。我的心中頓時湧動起一股熱潮，眼淚不可遏止地流了出來。我站在臺階上，久久地注視著那個女人和她的兩個孩子。（《我的〈豐乳肥臀〉》）

我想，莫言此時所看到的，不僅是一個母親的形象，而是她後面

那種人生和歷史的縱深感，她的命運為土地所見證，她的悲哀也為土地所慰藉和平息。

他所描繪的人物群像，都有這種悲愴感，這個調子，也許從《透明的紅蘿蔔》中沒有姓名的黑孩子開始就奠定了。這個黑孩子忍受常人不能忍受的痛苦，有幻想能力，能夠看到別人看不到的奇異景象，聽到別人聽不到的聲音，嗅到別人嗅不到的味道，他不說話，但有著異常奇特的內心世界。莫言視這個黑孩子為自我形象，他背負這個黑孩子身上的所有重擔。甚至越到後來，莫言面對這些人物的命運，就越有負罪感。我不止一次聽莫言說過，作家要把自己當作罪人來寫。在這一點，莫言是真正接續了魯迅精神的。魯迅對國民性的批判，一直是帶著負罪感去看的，他說吃人時，覺得自己也吃了人，他絕望，同時也帶著這種絕望生活。他沒有把自己從批判的視野裡摘除出去。

認識到自己也是罪人，就會無情地解剖自我，也會對歷史和現實有著全然不同的觀察，魯迅看得比別人寬，比別人深，正源於此。莫言的精神體量之龐大，和他在人物身上所貫注的精神關懷密切相關，他看世界、看歷史、看別人，最終看見的都是自己，而且他有同代作家所罕見的罪感，比他們就更顯寬闊和沉重。

這令我去想魯迅和張愛玲的區別。張愛玲有著對世俗生活細節獨特的偏愛（她說，「我喜歡聽市聲」，如她喜歡聽胡琴的聲音，「遠兜遠轉，依然回到人間」），她對蒼茫人生的感歎經常也是深刻的（她說，「這世上沒有一樣感情不是千瘡百孔的」，「短的是生命，長的是磨難」），她是一個能在細微處發現奇跡的作家。但張愛玲對人的看法，更多是密室的眼光，是一種閨房心思，精緻，但格局較小。比起張愛玲，魯迅所看到的世界，就要寬闊、深廣得多，他筆下那些人

物，具有強烈的概括性。魯迅是那個時代最值得信任的觀察者。尤其是《野草》，魯迅把人放逐在存在的荒原，讓人在天地間思考、行動、追問，即便知道前面可能沒有路，老人說前面是墳，孩子說前面是鮮花，他都不願息了腳步，他要一直往前走——這樣一個存在的勘探者的姿態，就從密室走向了曠野。「過客」正是魯迅這種曠野寫作的核心意象。二十世紀的中國文學何以一直以魯迅為頂峰，而非由張愛玲來代表，正是因為魯迅的精神體量比其他作家龐大。我看重莫言的，也是這一點。

▋ 四、莫言獲獎的兩點啟示

最後，我想追問，莫言獲得諾貝爾文學獎，究竟能對中國文學帶來什麼啟示？我願意在這個問題上多說幾句。

莫言獲諾貝爾文學獎後對記者說：「我獲獎，不是政治的勝利，而是文學的勝利。」我同意這個看法。但我想強調，這是文學的勝利，但不是主流文學的勝利。儘管莫言的作品早已登堂入室，也為主流文壇所認可，甚至還獲得了主流文學的最高獎——茅盾文學獎，可他的寫作風格、藝術趣味、精神特徵，一直以來都是反叛的、孤立的，他是文學的異類，並從未停止自己對文學的探索——無論敘事角度、話語方式，還是他對人性與社會的警覺，他都試圖在不同的作品中做出新的詮釋。他寫《透明的紅蘿蔔》的時候，中國多數作家還在一種舊有的藝術慣性裡寫作，寫作手法單一，但此時的莫言已經從現有的秩序裡出走，成了一個文學的先鋒。他所理解的寫作，不是摹寫社會現實的鏡子，而是提純自我經驗、省思心靈苦難的容器。

莫言的小說，從來都不是只有單一的聲音，而是真正的眾聲喧

嘩。莫言不僅能寫出不同聲音在這個世界的存在，還能讓這些聲音彼此對話、交流、沉思、爭辯。無論表面怎麼熱鬧，莫言都能讓那些沉默的聲音、被壓抑和被損害的聲音從他的作品中尖銳地響起。那種拔地而起的悲愴與華麗，會突然打開一個巨大的空間，進而掙脫現實的束縛，讓讀者逃逸到想像世界裡去經歷那些心靈的事變。譬如《檀香刑》，人的哀鳴、英雄的悲聲、良心的悸動、暗啞的死亡，這些聲音，最後都成了人性的幕布，當「貓腔」響起，就像一個巨大的迴旋，一下就把各種聲音的對話和激辯都吸納進來了。整部作品既充滿喧囂，又歸於寂靜，如此豐富，又如此悲傷。

莫言處理多種聲音對話的能力，令我想起巴赫金對陀思妥耶夫斯基的評價：「他不只是聆聽時代主導的、公認的、響亮的聲音（不論它是官方的還是非官方的），而且也聆聽那微弱的聲音和觀念。」而在莫言的心中，那些「微弱的聲音和觀念」，顯然比「時代主導的、公認的、響亮的聲音」更重要，也更讓他著迷：「黑孩」能聽到頭髮落到地上發出的聲音；《四十一炮》裡，饑餓的肚子總是發出各種奇怪的聲音，這些聲音裡，甚至還洋溢著食物的味道；《豐乳肥臀》和《蛙》裡，甚至萬物都會說話，都在發聲……莫言拒絕成為某種社會思潮的傳聲筒，他走向大地、民間，所著力傾聽的是那些粗野的、生命力旺盛的、被遺忘的聲音，他要讓這些聲音從黑暗中、地獄裡走出來，成為任何主流聲音所無法抹殺的存在。

這樣，我們就不難理解莫言的作品風格，為何會如此大膽、恣肆，甚至還有大量肉慾、淫蕩、邪惡、血腥的描寫，他要書寫的，正是這種現世的罪與惡，那種苦難與污穢。他當然也嚮往美好，比如《豐乳肥臀》、《蛙》，就有對生的關切與禮贊，但這樣的段落很少，

他更多的是摹寫現世在欲與惡中的狂歡。這顯然是非主流的。正統的文學觀，總是教導作家要有是非善惡觀，要態度鮮明、立場明確，但莫言的文學世界是野生的，他想描繪生命的熱烈、頑強、粗糲、荒誕。他也悲憫，但藏得很深。他筆下的故鄉、人、動物、植物，甚至河流和石頭，充滿的是一種原始力，一種生命美。這種力和美，不是傳統倫理教化的結果，甚至也不是鄉間文明培育出來的面容，它更多是出於生命的自在狀態，是一個在想像裡生長的世界。

莫言所創造的，更像是一個野生的中國。這個中國，我們在歷史書中未曾讀過，在過往的文學作品裡也無從比照，它來自莫言的記憶與想像、戲謔與虛構。他著迷於呈現自己看見的和想見的，卻拒絕為它們歸類。有人試圖把莫言的作品解讀為一種新的主流文學，並指證這樣的寫作與主流思想之間有一種甜蜜的關係，那確實是沒有讀懂莫言。

除此，我還想大膽地說，莫言的得獎，不僅不是主流文學的勝利，甚至都不是新文學的勝利。

20世紀以來，中國作家幾乎都是新文學的信徒，他們的寫作面貌，也多為新文學傳統所塑造。新文學最重要的特徵，一是用現代白話，早期是歐化的白話；二是啟蒙意識，對國民的批判和喚醒；三是學習西方的新的藝術手法。新文學傳統中的作家，幾乎都站在這個現代立場上，用普通話寫作，而那些保存傳統藝術形式、有舊文學氣息的作品，就被忽略了。

直到近些年，像鴛鴦蝴蝶派，像張恨水、金庸這樣的作家，才開始受到文學史的關注。這當然是不公正的。現代白話和啟蒙意識為作家劃定了清晰的邊界，這似乎也成了當代寫作唯一的合法性。但我認

為，莫言的寫作，反抗了這種新文學傳統，至少他擴大了這一傳統。這點，可從莫言的敘事方式和語言風格中得到證實。「五四」以來的主流知識界，思想是啟蒙的，語言是白話文的，藝術方式是現實主義的，表達上也是以普通話為標準的。但莫言的寫作，顯然與這樣的主流格格不入。讀他的小說，你會發現，他對「五四」以後建立起來的現代文化充滿著不信任。《檀香刑》之後，他對西方話語也開始懷疑。於是，他的小說，開始恢復一種說書、說唱的民間敘事傳統。在語言的選擇上，他也是反普通話的，大量來自鄉土、草根、方言、地方誌、民間藝人的詞彙、語法進入他的小說，他的語言有野趣，有大地的氣息，是在生命現場裡生長出來的——他要恢復語言中那些被文化與教育所刪除的枝蔓、血肉、味道。莫言語言中那種泥沙俱下、一瀉千里的特質，會遭遇詬病和批評，其中也因語言觀的差異而起。莫言的骨子裡是要反抗原有的語言倫理，並試圖接近一種語言的本真狀態，保存語言中那些活潑潑的生命因數。他的語言是土地裡來的，是生命毛茸茸的狀態下的語言。假若語言是一道洪流，那洪流過後，終歸有石頭沉下來——莫言所追求的語言境界，正在於此。

莫言的寫作，從一開始就是反叛的，也一直未能被主流文化所成功消化，他的小說，無論精神指向，還是敘事風格，都是先鋒的、獨異的、非主流的。他沒有成為這個盛世的合唱者，他眼裡所看到的，也多是受傷者和軟弱者。他寫的，就著中國龐大而堅硬的現實而言，是邊緣的，是經常被人忽略和刪除的。他的作品，未必都是好的，有一些明顯是鬆弛之作（如《紅樹林》）；有一些明顯是用力過猛了（如《歡樂》）；還有一些多少有炫技的成分（如《檀香刑》裡的酷刑描寫）。在一次會議上，我還當面對莫言說，要警惕一種打滑的文

風——這是當下寫作界盛行的寫法，當詼諧一旦成了不易覺察的油滑，就會消解作品中鄭重、莊嚴的氣質，這是得不償失的。莫言誠懇地回應了我的發言。他才五十多歲，在眾多獲得諾貝爾文學獎的作家中，他算是比較年輕的，他的創造力還很活躍。我想，獲獎不是對他的終極論定，在不遠的將來，他還會寫出令人吃驚的作品的。我是這樣期待的。

謝謝大家！

2013年於華中科技大學演講
華中科技大學當代寫作研究中心供稿

莫言與中國當代文學史

陳思和　復旦大學教授

距離莫言獲得諾貝爾文學獎已有兩年多，有關莫言的爭論現在已經淡去許多。二〇一二年時，無論在國內還是國外，「莫言的小說是否應當獲獎」這個問題都被激烈地探討著。今天，我想結合中國當代文學的發展情況，同大家一起探究看待莫言小說的方式。

一

「莫言應該獲獎」的呼聲由來已久。一九九四年，日本作家大江健三郎獲得諾貝爾文學獎，他在獲獎演說中講到，像他那樣能夠獲獎的亞洲作家不在少數，許多人都有這個資格，像中國的莫言、韓國詩人金芝河。那年我恰好在日本，觀察到許多日本人對大江健三郎有批評。但我覺得這位作家的高貴之處就在於，在諾貝爾的講堂上，他沒有表揚本國人，而是選擇了兩位鄰國作家，尤其其中一位還是常以抗日為寫作題材的莫言。他對莫言的這種敬意表明了一種立場——對本國政府的批判立場。那年還發生了一件事，日本天皇要給大江健三郎授獎，以感謝他替日本贏得的國際榮譽，但是大江健三郎拒絕了，他說自己拒絕一切來自官方給予的榮譽，這是他對本國天皇制度、保守勢力的一種批判。在此立場上，他對莫言進行了熱情洋溢的推薦。事實上，諾貝爾文學獎有一個不成文的「規則」，基於評委們對過往獲

獎者的充分信任，獲獎者們的推薦對後來人極為關鍵。從這個意義上講，莫言獲獎還得感謝大江健三郎的一份功勞。二〇一二年，也就是莫言獲獎當年，我請了一位諾貝爾文學獎資深評委到復旦大學演講。我詢問他，在他擔任評委期間，中國到底有哪幾位作家進入了討論。他講到了評獎機制，共計十八名評委中的五位會組成五人推薦小組，負責從初評的三十人名單中選出五人推薦給另外十三個評委。這是一個大海撈針、層層選拔的過程，一般我們將進入了五人名單算作入圍，但是中國的入圍作家寥寥無幾。他還說道，中國第一個進入三十人名單的作家是沈從文，那是一九八八年，可正當要選出五人名單時沈從文先生去世了。當年沈從文先生獲獎的可能性相當大，評委會對中國很關心，但遺憾的是這份榮譽始終不曾賜予過中國作家。當然，這與從中文到瑞典文的翻譯工作量巨大相關。二十世紀四〇年代，一位美國作家獲獎，她有一個漂亮的中國名字——賽珍珠。她是一個傳教士，從小在中國長大，大多數作品用中文寫作，她最著名的小說《大地》還曾被好萊塢拍成電影。美國得諾貝爾文學獎的皆是一流作家，譬如海明威、福克納，而賽珍珠是一名暢銷書作家。當年她得獎後，美國的媒體給了她許多質疑和批評。儘管真正的中國作家未曾進入評委們的視線，但也不難看出其對中國的關注，畢竟賽珍珠的作品很多都是寫中國的農村、農民。二〇一二年，作為有中國戶口、在中國工作和生活的莫言才得到了這一榮譽。

莫言獲獎後的爭論非常大，包括國外漢學家和國內的批評家，可以說有一片批評的聲音。當年，我陪莫言到斯德哥爾摩領獎，莫言演講時，場外還有很多人激烈抗議。莫言本人對於獲獎態度平靜，在發表獲獎演說這個向全世界塑造自我美好形象的關鍵時刻，一般作家會

選擇歌頌文學神聖、表達和平意願，他卻回憶起了自己的童年故事。這次演講的題目是《講故事的人》，當天恰逢評委會中一位年輕秘書長的妻子生產，所以莫言一開始就表達了對這位母親的祝賀。接著話鋒一轉，說明自己今天要講的是另一位母親。他說：「通過電視或者網路，我想在座的各位，對遙遠的高密東北鄉，已經有了或多或少的了解，你們也許看到了我的九十歲的老父親，看到了我的哥哥姐姐我的妻子女兒和我的一歲零四個月的外孫女。但有一個我此刻最想念的人，我的母親，你們永遠無法看到了。我獲獎後，很多人分享了我的光榮，但我的母親卻無法分享了。」他說母親去世已久，埋葬在高密村莊東邊的桃園裡，「去年，一條鐵路要從那兒穿過，我們不得不將她的墳墓遷移到距離村子更遠的地方。掘開墳墓後，我們看到，棺木已經腐朽，母親的骨殖，已經與泥土混為一體」。正是從那一刻起，他感到，「我的母親是大地的一部分，我站在大地上的訴說，就是對母親的訴說」。

這段話講得非常動人，把母親說成是大地。在談到其著名小說《豐乳肥臀》時，他曾說這部小說就是根據自己對母親的感情寫作的。「大地」也是我很喜歡的意象，中國許多作家都曾在「大地」、「母親」之上著墨。但很多人評價說，在莫言筆下的母親形象被歪曲了，《豐乳肥臀》寫一位很會生孩子的母親，我們中國傳統儒家道德的觀點認為這位母親很放蕩，因為每個孩子都有不同的父親。並且這位母親一生歷經苦難，可以說是在苦難中掙扎了一輩子。然而，莫言「為母親而寫」的說法堵住了悠悠之口，這個多災多難、有著旺盛生命力的母親形象被抽象而到達一種審美境界。不如這樣說，莫言寫這麼一個無比堅強的母親形象，實際表達了自己嚮往的一種理想生命狀

態——在苦難的壓抑下，生命不曾凋謝。就像土地一樣，土地承受著一切骯髒的東西，但土地不死，反而愈加肥沃，衍生萬物。這就是土地的力量，一方面它是最苦難、最受迫害、最遭淩辱的，另一方面它又充滿了生命力。莫言將這個意象定義為母親，我覺得這種做法反映了莫言對母親極高的敬意，這是他在當代文學史上一個很了不起的創造。

「我站在大地上的訴說，就是對母親的訴說」，那麼，他究竟向全世界訴說了什麼？他講了母親是怎樣教育他的，他把自己說得非常不堪。比如他說：「我記憶中最早的一件事，是提著家裡唯一的一把熱水瓶去公共食堂打開水。因為饑餓無力，失手將熱水瓶打碎，我嚇得要命，鑽進草垛，一天沒敢出來。傍晚的時候我聽到母親呼喚我的乳名，我從草垛裡鑽出來，以為會受到打罵，但母親沒有打我也沒有罵我，只是撫摸著我的頭，口中發出長長的歎息。」這是他講的第一個故事。

第二個故事是有一年母親帶他去拾麥穗充饑，可是當時的麥田已經是人民公社的了，有看守麥田的人。「看守麥田的人來了，撿麥穗的人紛紛逃跑，我母親是小腳，跑不快，被捉住，那個身材高大的看守人扇了她一個耳光，她搖晃著身體跌倒在地。看守人沒收了我們撿到的麥穗，吹著口哨揚長而去。我母親嘴角流血，坐在地上，臉上那種絕望的神情讓我終生難忘。」這也是莫言「記憶中最痛苦的一件事」。若干年以後，他已經長成了一個壯小夥，「當那個看守麥田的人成為一個白髮蒼蒼的老人，在集市上與我相逢，我沖上去想找他報仇，母親拉住了我，平靜地對我說：『兒子，那個打我的人，與這個老人，並不是一個人。』」

莫言講的第三個故事發生在一個中秋節的中午，他們家難得包了一頓餃子，每人只有一碗。可正當他們吃餃子時，一個乞討的老人來到了家門口，盯著他們家要飯，莫言端了半碗紅薯乾給老人。老人卻憤憤不平地說：「我是一個老人，你們吃餃子，卻讓我吃紅薯乾。你們的心是怎麼長的？」這時莫言氣急敗壞地說：「我們一年也吃不了幾次餃子，一人一小碗，連半飽都吃不了！給你紅薯乾就不錯了，你要就要，不要就滾！」而母親卻訓斥了莫言，然後端起她那半碗餃子，倒進老人碗裡。

　　第四個故事是莫言最後悔的一件事。他當時跟著母親去賣白菜，有意無意地多算了一位買白菜的老人一毛錢，算完錢他去了學校。當他放學回家時，看到很少流淚的母親淚流滿面。母親並沒有罵他，只是輕輕地說：「兒子，你讓娘丟了臉。」

　　第五個故事是莫言十幾歲時，那時「母親患了嚴重的肺病，饑餓，病痛，勞累，使我們這個家庭陷入困境，看不到光明和希望。我產生了一種強烈的不祥之感，一位母親隨時都會自尋短見」。有一次莫言勞動回來，找遍了所有的房間也沒見到母親的身影，他便坐在院子裡大哭。「這時，母親背著一捆柴草從外邊走進來。她對我的哭很不滿，但我又不能對她說出我的擔憂。母親看透我的心思，她說：『孩子，你放心，儘管我活著沒有一點樂趣，但只要閻王爺不叫我，我是不會去的。』」

　　上面所講的五個故事中，莫言把自己說得非常不堪。按理來講，通常人在那樣的情境下，講的多半是懸樑刺股、發憤圖強的故事。可是他坦率暴露自己的性格：第一個故事中的膽小，摔壞熱水瓶後不敢面對錯誤而躲進草垛；第二個故事中的報復心理，長久的記恨，還是

那種等到自己強大時才敢到來的報復心；第三個故事中的小氣，捨不得把餃子分給乞丐；第四個故事中的貪小便宜，多算了買菜老人一毛錢；第五個故事中的恐懼死亡，害怕母親隨時會離開。這五個毛病其實都是人的天性，是人與生俱來的弱點，可莫言把它們公之於眾，告訴世界「我是一個什麼樣的人」。演講時在場下坐著的我很為他著急，不明白他為什麼要講這些讓人難有好印象的故事，可也由衷地佩服莫言的勇氣。當時，我想到了另外一個人——盧梭，他在《懺悔錄》中寫道：「萬能的上帝啊！我的內心完全暴露出來了，和你親自看到的完全一樣，請你把那無數的眾生叫到我跟前來！讓他們聽聽我的懺悔，讓他們為我的種種墮落而歎息，讓他們為我的種種惡行而羞愧。然後，讓他們每一個人在您的寶座前面，同樣真誠地披露自己的心靈，看看有誰敢於對您說『我比這個人好！』」盧梭這種敢於說真話的精神又讓我聯想到一位中國作家——巴金，巴金一直把盧梭看作自己的老師，所以在自己晚年時寫作了《隨想錄》。在我看來，這五個直白得好像朋友間聊天回憶的兒時故事，也告訴了世界他是在怎樣的環境中長大的，那時的貧苦，那時的饑餓。我曾經推測過這些故事的發生時間。第一個打碎水瓶的故事發生在「大躍進」時期，大煉鋼鐵，老百姓家裡沒有鍋了。第二個故事應該是人民公社時期，因為那時土地是屬於國家的，麥子是國家的。第三個吃餃子的故事說到大批乞丐討飯，我推測是一九六〇至一九六二年困難時期。第四個賣白菜的故事大致在一九六三至一九六四年，那時農村政策已經進行了調整，農民有自留地，也可以在自由市場上買賣農作物了。第五個故事可能是莫言家裡受到某種威脅、衝擊或者目睹了某些自殺現象，他當時年齡應該不大，如果是一個成熟的少年，就不會因為找不到母親而

大哭，我估計是一九六六年左右。所以說，看上去莫言是在講童年，實際上是在講歷史，他把每個歷史時期的場景全部概括出來了。

說完五個童年故事後，他接著說：「我生來相貌醜陋，村子裡很多人當面嘲笑我，學校裡有幾個性格霸蠻的同學甚至為此打我。我回家痛哭，母親對我說：『兒子，你不醜，你不缺鼻子不缺眼，四肢健全，醜在哪裡？而且只要你心存善良，多做好事，即便是醜也能變美。』」這裡的「醜」有兩層意思：一是外貌；二是性情上的缺點。媽媽的話中也有兩層意思：一是說莫言四肢健全，可以勞動，是個健康的人，健康就是美；二是說心靈的美麗可以修補缺點。

莫言的演講到此為止構成一個段落，整體看來在講母親，實際上卻交代清楚了自己是個什麼樣的人，中國是一個什麼樣的社會。所以莫言真的是一個很會講故事的人，沒有直接慨歎小時候的艱苦，而是借由五個乾淨俐落的故事段落來訴說。

緊接著他給大家介紹了自己的創作。他並沒有受過很多正規教育，但是從小熱衷於故事，在放羊、放牛時都會海闊天空地想像。等他稍微長大便「混跡于成人之中，開始了『用耳朵閱讀』的漫長生涯」。他的天才在於可以白天聽完說書人的故事，晚上回家就能將這些故事添油加醋地講給母親聽。

■ 二

要搞清楚圍繞莫言的爭論，還得對諾貝爾文學獎的背景有所了解。諾貝爾因為炸藥的負面影響深感懺悔，決定將發明炸藥帶來的財富重新用到造福人類的事業中。因此，文學獎在評獎時就有一個明顯的傾向，獲獎作家的寫作要鼓勵人類有理想。這和我們今天的認知有

很大不同，我們會認為這個獎一定要給好作家，但一般情況下優秀作家很少表現出理想，他們多是當時社會的反叛者。所以諾貝爾文學獎的前15年，直到第一次世界大戰前，優秀作家都沒拿獎。那時托爾斯泰活著，契訶夫活著，左拉活著，易蔔生活著，斯特林堡活著，他們都與這一獎項無緣。拿托爾斯泰來說，我們今天說他是最偉大的作家，可他當年被俄羅斯東正教從教會開除。左拉是我很喜歡的作家，我年輕時認識的一位元老先生一生都在做左拉作品的翻譯工作，可沒有一本書能夠出版。左拉是一位自然主義作家，非常注重寫實，這樣寫成的作品是非常骯髒的，因為他所處的那個世界本就是骯髒的。雖然左拉一直被資產階級政府謾罵，可他做了一件非常偉大的事情。普法戰爭時期，節節敗退的法國軍隊懷疑德雷福斯為普魯士通風報信，因為德雷福斯是一位猶太人，法國興起了一場反猶太人運動。左拉本可以獨善其身，但當他閱讀了關於德雷福斯事件的卷宗後，便為這位備受冤屈的猶太人申辯。然而，所有人非但不站在左拉這邊，反而打擊謾罵左拉。左拉忍無可忍發表了《我控訴》，這篇文章寫得非常有力，在社會上引起了巨大的反響，最後法官起訴左拉將他驅逐出境。他在海外待了很多年，一直待到德雷福斯事件真相大白才回國，回國不久就去世了，據說是被反猶分子堵死煙囪因煤氣中毒而死。這麼一個有正義感、有理想的人，在那個時代卻被看作沒理想的搗亂分子。我由衷地敬佩左拉，可是評委卻把獎頒給了另外一個詩人，他在今天籍籍無名。這位詩人得獎後，全世界有大概三十名作家聯名抗議。而評委們自有他們的理由，認為這個詩人是唯美主義詩人，他有理想。那個時代的理想其實是與宗教有關的，是彼岸世界的理想，而不是左拉和托爾斯泰在批判現實中產生的戰鬥力。

到一九一五年，獲得諾貝爾文學獎者有的是歷史學家，有的是哲學家，德國歷史學家蒙森得過獎，德國哲學家歐肯得過獎。其中優秀的作家很少，唯有印度的泰戈爾。泰戈爾於一九一三年獲獎，他是第一個獲此獎的亞洲作家。但不是說諾貝爾文學獎尊重了印度，因為那時的印度是英聯邦的殖民地，那是他們對英國的認可。泰戈爾的獲獎也引起了一番爭論，有人認為泰戈爾不配得獎，有的人支持，但理由竟然是泰戈爾英文好，泰戈爾的獲獎作品《吉檀迦利》是由他自己翻譯的。這次獲獎變成了一種論證，證明英國的殖民政策是對的。你看，它已經把殖民地的詩人改造成英國詩人。所以泰戈爾也有一種尷尬，在西方他被看作東方人，在東方他又是英國人。有一次，他到日本演講說自己是「大英帝國的臣僕」，不是自由國家的詩人，卻是東方文化傳播的使者。日本人取消了泰戈爾所有的演講，因為那時的日本正巴不得脫離東方文化向西方靠攏，即「脫亞入歐」。之後泰戈爾來到了中國，稱自己是現代的玄奘，到中國取經來了。可在中國也遭受了同樣的命運，除了受到徐志摩、林徽因等少數人的歡迎外，大批左派知識分子都反對他。當時的中國知識分子正在進行如火如荼的五四運動，深受反對傳統文化、向西方學習的號召，所以泰戈爾也灰溜溜地離開了中國。

一九一五年以後，諾貝爾文學獎的評委們的評審標準似乎發生了變化。我認為得獎的第一個有理想的作家是法國的羅曼·羅蘭，著有《約翰·克裡斯朵夫》，這本書寫了一個追求精神理想的故事。但羅曼·羅蘭的得獎也有其背景，第一次世界大戰時期法德陷入戰爭，羅曼·羅蘭發表了一篇名為《超乎混亂之上》的文章。在兩國陷入激戰之時，羅曼·羅蘭跳出來說法國人應該是德國人的兄弟，德國人應該

是法國人的兄弟，雙方不應該戰爭，應該友好相處。這犯了一個大忌諱，首先法國人把羅曼·羅蘭看作賣國賊，德國人也不買這位法國人的賬。羅曼·羅蘭處於一種兩面夾攻的境況，但他毫不畏懼，聯絡了一批歐洲獨立知識分子，發表《精神獨立宣言》，表明了在戰爭環境中對精神獨立的爭取，自己不依賴於任何政府、任何國家而屬於全人類。他在另一篇文章中劃分了兩種人類：一種人類是向上的，另一種人類是向下的，文學家應該支援向上的人類。我看來，他是一個真正的理想主義者。至此，諾貝爾文學獎發生了一個微妙的變化，從把理想理解為彼岸世界的、上帝給的慢慢轉移到人類自身。

到了第二次世界大戰以後，納粹德國對猶太人的屠殺使全人類對自己都進行了一番深刻反省：生而為人，何以會用遊戲一般的態度，製造那樣慘絕人寰的災難。德國自認為是精神世界最高尚的民族，他們擁有一大批優秀的音樂家、哲學家，那麼多人類文化史上燦爛的明星，卻如何下得了那樣的毒手？這種反省，中國早在二戰前二十年就發生了，中國當代最偉大的作家魯迅寫出了《狂人日記》。《狂人日記》最了不起之處不在於寫禮教吃人，而在於寫出了人是要吃人的，不僅是剝削階級要吃人，被壓迫的人也要吃人，吃人者就在「我」的身邊，連「我」的哥哥也要吃人，連「我」也要吃人。狂人的世界觀發生了天崩地裂的變化，「四千年來時時吃人的地方，今天才明白，我也在其中混了多年；大哥正管著家務，妹子恰恰死了，他未必不和在飯菜裡，暗暗給我們吃」。魯迅在《狂人日記》中一層層分析，到最後狂人從一個批判他人吃人的戰士，轉而批判哥哥，批判自己。原來自己也吃人，那時他就崩潰了，他問道：「沒有吃過人的孩子，或者還有？」他發出了深切的希望——「救救孩子」。「救救孩子」不

是說保護孩子使其不被人吃，而是要喚醒孩子不要讓他們吃人。也就是說，一九一八年，魯迅就對人的本性提出了懷疑。五四時期是一個喚醒人道主義的時期，是一個人性解放的時期。魯迅的弟弟周作人寫過一篇很有名的文章——《人的文學》，他認為人身上流露出來的都是美好的。魯迅則深刻得多，看破了人身上可怕的東西。這一點一定要叫出來，他看到了別人看不到的東西，他認為人一定要看到自己致命的弱點，要有「人會吃人」的自覺，要克服它，否則不知不覺中就可能走上人肉宴席。這樣的境界在當時的中國是不被理解的，好多人解釋說《狂人日記》主要針對的是禮教吃人，慢慢地把吃人的責任從自己身上推卸出來，推給禮教。後來受這個影響，二十世紀三四〇年代巴金開始寫《家》，寫禮教是怎麼吃人的。但魯迅當年提出的是一個深刻的對人的自我反省的問題，這種反省二戰後在存在主義、在西方現代文學中漸漸出現。大屠殺過後，人對人自身有了一個相當深徹的反省，反復追問自己在災難中是否有責任，最後逐漸引申到人本身的問題。薩特、加繆也都因時而出，他們講的都是人對其自身的反省。

此時，諾貝爾文學獎又發生了一次變化，對理想的理解從外在的精神崇高逐漸發展為內在的精神自省。對人身上醜惡的東西進行深刻的挖掘本身就是一種理想，這證明了你有力量戰勝邪惡，有力量使人變得更加高尚。我認為，浪漫主義時代的理想不在現實世界，是在另一個空間。比如宗教，你自己沒有理想，要到天堂去和上帝交流，理想在上帝那裡。到了十九世紀批判現實主義出現，理想在未來，就是說當代是沒有理想的，當代都是黑暗的，要通過批判和改造使未來變得美好，所以理想在未來。二十世紀以後，西方現代主義崛起，尤其

是佛洛德理論流行，這個理想就變成人自身了，神是沒有的，未來也是沒有的，有的只是你的今天，你有力量和一切邪惡的東西做鬥爭，那你就是一個有理想的人。薩特著有《噁心》，他的理想就是敢跟自己身上的噁心做鬥爭，他的力量正在於他敢把人寫得噁心，這是一個很辯證的問題。到了二戰以後，一批全世界優秀作家獲得了諾貝爾文學獎，像薩特、加繆、福克納這批現代主義作家。

　　我敘述這麼多，最想說的其實是人怎麼看待自己的理想，人怎麼看待自己的力量。在浪漫主義時代，人被描述得非常美好，對人的缺點是不寫的，要麼就集中於反面角色上。但到了現實主義時代，開始關注小人物，把小人物寫得有正面也有負面。而現代主義基本是在挖掘人身上的缺點、黑暗和邪惡。但這不是要把人推向滅亡，而是通過對這些惡的深入挖掘來證明人的力量。在我讀大學的時候，有一篇文章讓我終身受益，就是薩特的《存在主義是一種人道主義》，存在主義者正視自己的缺點，強調自由選擇。每個人都可以既做好人又做壞人，既做英雄又做叛徒，都憑你個人的選擇。薩特寫過的作品，諸如《牆》、《死無葬身之地》、《骯髒的手》，把世界說成是充滿荒誕和邪惡的地方，你可以選擇同流合污做一個壞人，也可以堅守自我做一個高貴的人。他把做人的權利交給人自己，這樣的東西當然是人道主義的、理想主義的。

　　繞了一大圈，還得兜回到對莫言文學的評價上。莫言被批評很大程度上是因為其筆下人物的落後、邪惡、無能，他的小說中很少有真正完美的好人。我們不妨試著把《紅高粱》中的故事抽象出來，余占鰲是個什麼人？他是個殺人犯，他殺掉單氏父子本身就是一種罪，而這種罪還不是出於勞動人民正義感而是奪人之妻，用今天的話來講就

是男女通姦謀殺親夫，跟西門慶、潘金蓮差不多。余占鰲也像西門慶一樣，一身武藝，娶了一個叫戀兒的小老婆，後來還當了土匪。總結一下余占鰲身上的標籤——殺人犯、土匪、姦夫淫婦、奪人家產，這是一個江湖故事，後來衍生出來的英雄是建立在一個無法無天的犯罪故事基礎之上的。所以，《紅高粱》的第一句話就說：「一九三九年古曆八月初九，我父親這個土匪種十四歲多一點。」我覺得莫言這句話中其實暗含著一層意思——他寫的英雄是一個有罪惡的土匪。幾千年來，中國的農民被封建社會壓迫得奄奄一息，他們過去在魯迅筆下永遠是阿Q、閏土，他們沒有生活的活力，像麻木的勞動工具。魯迅曾經用過一個非常生動的比喻，他說有一種蜜蜂要吃蟲子，不僅自己要吃蟲子，而且要產卵產在蟲子上，等到小蜜蜂成熟了就吃掉這個蟲子。而如何使蟲子不死不活地等在那兒？就用毒針打在蟲子上，蟲子不死但中樞神經麻痺，等待著被吃掉。魯迅說中國的農民其實就是這樣的一種蟲子，鬥爭的覺悟早就被統治階級打了針麻痺掉了，自己過著半饑半飽的日子卻世世代代向統治階級輸送糧食。可這樣的日子竟然過了兩千年，中國那麼漫長的封建社會，農民就這樣一代代生活著。而莫言是第一次把魯迅筆下的農民翻過來的，我認為莫言的了不起正在於此，他是自覺的農民的代言人，而不是農民的批判者。魯迅站在啟蒙主義的立場上，哀其不幸，怒其不爭。莫言站在農民的立場上，告訴大家農民真實的樣子，他們是有血性、有想法的。在第一次亮相的時候，他寫了《紅高粱》，寫了一個土匪，這是一個游離於中國傳統倫理道德之外的怪物，他無所畏懼地犯罪，由於犯罪他才成了英雄。電視劇《紅高粱》編得毫無血性，編者不敢把余占鰲編成一個殺人犯，他和單氏父子的死脫了干係。這近乎完全違背了莫言的原作

精神，莫言寫的就是一個敢殺、敢怒、敢犯罪的人物，只有這樣的人才敢去打伏擊戰，敢去打日本鬼子。莫言寫出了人的邪惡，而這邪惡在我看來是有崇高理想的，他是一個大寫的人，是一個不甘心受壓迫的人。余占鰲敢愛，因為愛九兒而敢殺掉單氏父子，這個愛後來演變成了愛國。當然「愛國」是一個抽象的名詞，對余占鰲來說是愛自己身邊的人、愛土地、愛高密東北鄉。原來的高密東北鄉不是他的，是國民黨政府的，是地主的，跟他沒關係，所以他一開始是個土匪。當日本人佔領後，他挺身而出，變成了一個抗日英雄。莫言恰恰是通過這樣一種描寫，把一個中國農民的崇高刻畫出來了。莫言後來的小說也是一再寫農民，他們滔滔不絕地把自己的苦難、委屈和屈辱傾訴出來。之前寫農民的人從來不寫農民語言，農民幾乎是不說話的。我有一次就問高曉聲：「你們寫農民為什麼都不大說話？」高曉聲《陳奐生上城》中的農民陳奐生進城看了場電影《三打白骨精》，看完後回去單是興奮，卻無法描述故事究竟講了什麼。碰到老婆就只會一句「孫悟空好凶唔」，碰到生產隊長也是一句「孫悟空好凶唔」。所以從魯迅到高曉聲，他們筆下的農民是沉默的，說話的是他們，是作家在代他們申冤。莫言不是這樣，他筆下的農民是話癆，《天堂蒜薹之歌》中的農民被銬起來了後一直傾訴。魯迅和莫言之間，我更相信莫言。莫言是農民，他真正了解農民其實是有話的，只是這些話只對有的人說。莫言於是把農民的心裡話都說出來了，儘管他筆下的農民很狂暴、骯髒、粗鄙，但是他把一個結結實實的農民的生命寫出來了，農民是充滿著旺盛的生命力的。

所以從這個角度講，諾貝爾文學獎給予莫言是有理由的，頒獎詞也寫得好。我一直以為外國人讀不懂中國小說，無外乎翻翻就過去

了，但是頒獎詞中的評價卻幾乎提到莫言所有的重要作品，評得非常到位。其中有一句話深得我心，說「莫言是繼拉伯雷以來的最優秀的繼承者」。拉伯雷是文藝復興三大家之一，另外兩位中，莎士比亞是為帝王將相寫戲劇的貴族劇作家，賽凡提斯寫的是騎士文學，只有拉伯雷寫的是關於下層勞動人民的東西。莎士比亞的傳統在全世界成為莎學，賽凡提斯的優秀傳統也繼承得很好，拉伯雷卻沒人繼承，被歐洲文學所遮蔽。一直到蘇聯出現了文藝理論家巴赫金，巴赫金的博士論文寫《拉伯雷和他的世界》為拉伯雷平反，巴赫金認為拉伯雷的作品價值被歐洲的資產階級文化傳統遮蔽了。那時文學的主流是高雅藝術，不能容忍像拉伯雷作品這樣粗鄙的東西。巴赫金說拉伯雷的文學是歐洲文學中最重要的傳統，來自民間文化，他的所有美學是民間美學。巴赫金把所謂的粗鄙歸結為一種民間的生命意識。用巴赫金關於拉伯雷的民間理論去解讀莫言，解讀賈平凹，解讀余華，很多東西一目了然。我們的評論家多是高校出身，從某種意義上說是高雅文化的代言人。所以莫言、賈平凹、余華的小說剛出來時都被批評家批評，認為是骯髒、粗俗的。可諾貝爾文學獎的評委注意到莫言是拉伯雷的民間傳統繼承者，把莫言拉到了世界文學的框架之中。我對此十分佩服，他們真的是有世界文學的眼光。

其實從中國當代文學來看，莫言這種美學在其他人身上也有，余華的《兄弟》面世後文壇也是一片罵聲。我讀罷《兄弟》後覺得這部小說寫得很好，他把當代改革開放的現狀都寫出來了。批評者都是用挑剔的眼光在看待這部作品，緊抓住偷窺等個別片段。如果用巴赫金的民間狂歡理論對照，會發現余華走的路實則和莫言一樣，繼承的都是拉伯雷的民間傳統。歐洲已然發展到足夠文明的階段，這種民間傳

統可能已經消逝，可在東方的中國，這種民間傳統依然存在。這點可能讓評委們感到親切，所以莫言就得獎了。

2014年於華中科技大學演講
付婧根據錄音整理

莫言與村上：
果真是「城鄉差別」的標本嗎？

林少華　中國海洋大學外國語學院教授

　　莫言是個時髦話題，村上春樹（以下簡稱「村上」）也是個時髦話題。我把兩個時髦話題、兩個亮點捏在一起，和大家一起琢磨琢磨：這兩人果真是「城鄉差別」的標本嗎？

　　眾所周知，二○一二年十月十一日，中國作家莫言成為自一九○一年以來第一○九位諾貝爾文學獎獲得者。當天傍晚七點鐘公布之前，不只在日本，即使是咱們中國本土，也好像有不少人更傾向於相信甚至寧願相信，日本作家村上春樹更能獲獎。我作為村上作品內地簡體中文版的主要譯者，也因此在那時處於一種可以說是相當微妙甚至是有幾分尷尬的立場。中國、日本記者的採訪接連不斷，問我你更希望二人中哪一位獲獎。不用說，村上春樹獲獎對我有實實在在的好處，一是經濟上的，我翻譯的村上的作品一定會賣得更好，就會有若干白花花的銀兩進賬；二是名聲上的，想必不會再受「偷偷摸摸鼓搗小資讀物或者涉黃讀物的作家」這一聲名所累，正名為「堂堂正正的諾貝爾文學獎翻譯大腕兒」。可事情明擺著，村上終究是日本人，而我是中國人。於是，我這樣作答：「莫言和村上兩人哪個獲獎，我都歡喜，我都衷心祝賀。村上獲獎，我作為譯者來說臉上有光。莫言獲獎，我作為中國人、作為他的同胞臉上有光。」

　　記者又問：「假如村上獲獎，他獲獎的理由是什麼？」我總結為

三點：一是以洗練、幽默、雋永、含蓄和節奏控制為主要特色的語言風格；二是通過傳達都市人尤其都市年輕人的失落感、孤獨感、疏離感、疲軟感而對心靈處境的詩意開拓；三是對自由、尊嚴、愛等人類正面精神價值的張揚和對暴力源頭及其表現形式的追問。結果村上沒有獲獎，咱們的莫言獲獎。二〇一三年村上也沒獲獎，加拿大籍作家愛麗絲・門羅獲獎。二〇一四年他又沒獲獎，法國作家派翠克・莫迪亞諾獲獎了。儘管村上連續三年與諾貝爾文學獎失之交臂，但這絲毫不影響其文學本身的價值。我更想說的是，東亞以至整個亞洲文學，半個世紀以來，從來沒有像今天這樣風光過、幸運過，因為中國的莫言和日本的村上同時出現於此。這兩座並立的高峰，毫無疑問標誌著亞洲文學在世界上的影響、聲望和高度。

　　那麼，莫言獲獎的理由是什麼？如果說村上獲獎的理由是虛擬的，那莫言獲獎的理由就是實實在在的。諾貝爾文學獎評審委員會給出的評價是：「借助魔幻現實主義，將民間故事、歷史與現代融為一體，莫言因此創造了一個世界，其複雜程度，令人聯想起威廉・福克納和加西亞・瑪律克斯。」如果還要補充的話，我想是莫言作品中天馬行空無可抑勒的文學想像力、長風出谷驚濤拍岸的敘事氣勢、山重水覆波譎雲詭的語言風格，尤其文本中大跨度運行的撼人魂魄的思想力量以及思想背後湧動的對中國充滿悖論的國民性和現代性命運的憂思和關切之情。這些都不能不讓瑞典學院的評審們受到感染和為之動容。

　　這兩年多來，我集中閱讀了莫言的主要作品和有關他的研究文獻，有了一個意外的發現——莫言和村上看上去截然有別，但骨子裡有不少相似和相通的部分。如果對這些部分加以探究和比較，將有助

於加深讀書界、文學界以及文化界對這兩位世界級優秀作家之所以為優秀作家的文學特質的認識，進而從中獲得某種啟迪、座標和視角。

在一般人眼裡，或者從常識上看來，這兩人差別太大了，一個是滿腦袋高粱花粉的「土老帽」，一個是滿身名牌休閒裝的都市「小資」。換個比喻，一個是揮舞光閃閃的鐮刀光膀子割紅高粱的壯漢，一個是斜舉著雞尾酒杯眼望窗外煙雨的紳士。一句話，簡直是「城鄉差別」的標本。這固然不錯，我也完全承認。但這終究是表層現象，若是深挖下去，就能發現兩人的根子是有不少連在一起的。

在做比較之前，我想先回顧一下莫言眼中的村上春樹。《南方週末》在莫言獲獎後的第三天採訪他，問及如何評價村上春樹的作品，莫言回答：「村上春樹是個非常有影響力的作家，在全世界的讀者很多，被翻譯作品的數量非常大，而且贏得許多年輕讀者的喜愛，很不容易，我非常尊重他。他雖然比我大，但心態比我年輕，英文很好，同西方交流比較廣泛，具有更多現代生活氣質。他寫日本歷史方面比較少，關注現代生活，年輕人的生活，這一點是我無法相比的。我也是他的讀者，比如《挪威的森林》、《海邊的卡夫卡》等，他的作品我寫不出來。」這裡所說的「無法相比」和「寫不出來」，當然意味著莫言和村上春樹的不同。那麼，不同之處究竟表現在哪裡？我認為，可以概括為以下三點。

第一，城鄉差別。這一點再明顯不過。莫言是鄉土或者農村題材作家，村上則是渾身威士忌味的城裡人，處理的也幾乎是都市題材。換句話說，莫言的作品植根於他的故鄉山東高密的泥土地，一貫傾聽大地的喘息、觸摸大地的靈魂，而村上則游走在東京大都會，始終審視現代都市的性格和出沒其中的光怪陸離的經歷。

第二，出生差別。莫言出身於農民家庭，幾乎整個少年時代都在尋找食物，饑餓感控制著他所有的感官，使他成為獵食動物，不顧一切地追求咀嚼權利，吞噬是其唯一的世界觀。就如《酒國》裡對吃的迷戀描寫得淋漓盡致。村上則是在有寺院僧侶背景的城市中產階級生活中長大，他更嚮往翹課權利，自由是他世界觀的核心要素。

第三，文化教養差別。兩人同樣喜歡看書，但莫言看的大多是《三國演義》、《水滸傳》等中國古典名著，以及《青春之歌》、《林海雪原》、《三家巷》等紅色經典或中國現當代小說。村上則聽著爵士樂，看《麥田裡的守望者》、《了不起的蓋茨比》等美國現當代文學作品，看多卷本的世界歷史，甚至包括《資本論》在內的好幾大冊馬克思恩格斯經典著作。這導致莫言的作品更有本土性、民族性，而村上作品更有世界性。

換一個說法，莫言作品以糅合世界性的濃重本土性為特色，村上作品則幾乎以淹沒本土性的鮮明世界性為表徵。這也甚至導致二者在文體，也就是語言風格、行文方面有明顯差異。村上文體多少帶有英文翻譯腔和西方紳士氣，拒絕冗長、市井氣和市儈氣，而莫言的文體汪洋恣肆、粗獷淩厲，具有荒原氣息和草莽精神，甚至酒神精神。

以上是兩個人的差別。此外，這兩位作家又具有相近的精神底色和創作路徑，坦率地說，這個意外發現讓我激動了好一陣子。應該說，學者和讀書人一個可貴的品質就在於從似是而非的坊間社會的一般性、流行性認知中獨闢蹊徑，探求與之有別的隱性通道，以便抵達文本表層背後的真相，抵達並且追問文本中的荒誕、夢幻本身，進而發掘作家最執著的理想訴求及其表達方式。這無論對中國作家、中國文學還是廣大讀者都可能具有某種積極的啟示性。

下面，請允許我粗線條地將二人共通之處存在的啟示性梳理出來。一共包括四個方面。

　　第一個相同：善惡中間地帶。莫言一九五五年出生，十一歲就趕上一九六六年爆發的「文革」。「文革」十年，我的青春就被這十年糟蹋了，上學只上到初一，莫言上到小學五年級。「文革」就是與傳統的中庸之道徹底決裂，一切統統一分為二，非敵即友，非左即右，非善即惡，非好即壞決不含糊，決無妥協和折中。通過痛徹的個人體驗和後來的深刻反思，莫言從早期作品《紅高粱》開始，就溶解了這種善惡對立的二元化世界觀，超越愛恨分明的階級意識，在善與惡之間開拓出廣闊的中間地帶，甚至將善惡合而為一。比如《豐乳肥臀》的主人公母親上官魯氏，不分土匪、國軍還是共產黨，對他們留下的孩子都一視同仁。比如《生死疲勞》中甚至為地主翻案，讓地主西門鬧投胎為驢、牛、豬、狗、猴等來到人間巡視和抗議。莫言在《蛙》的代序言《捍衛長篇小說的尊嚴》中表示，在善與惡之間，美與醜之間，愛與恨之間，應該有一個模糊地帶，而這裡也許正是小說家施展才華的廣闊天地。二〇一二年十二月七日，他以《講故事的人》為題，在瑞典學院演講時再一次提出同樣的觀點，他說：「每個人心中都有一片難用是非善惡準確定性的朦朧地帶，而這片地帶，正是文學家施展才華的廣闊天地。只要是準確地、生動地描寫了這個充滿矛盾的朦朧地帶的作品，也就必然地超越了政治並具備了優秀文學的品質。」村上春樹同樣有類似的善惡觀，他說歸根結底，善惡這東西並非絕對性觀念，而是相對概念，有時候甚至整個換位。所以，較之什麼是善什麼是惡，更需要一個個人在一個個場合看清究竟是什麼在強制我們，這個「什麼」在性質上是善的還是惡的。在長篇小說

《1Q84》中，村上進一步借教主之口表明：「善惡不是靜止的固定的，而是不斷變換場所和立場的東西。一個善在下一瞬間就可能轉換為惡，反之亦然。」陀思妥耶夫斯基在《卡拉馬佐夫兄弟》中描繪的正是這樣的世界形態，重要的是保持善惡之間的平衡。過於向一方傾斜就很難維持現實的平衡。

與這樣的善惡觀相關，兩位作家都致力於挖掘自己心中的惡。莫言斷然表示，只描寫別人留給自己的傷痕，不描寫自己留給別人的傷痕，不是悲憫，甚至是無恥。只揭示別人心中的惡，不袒露自己心中的惡，不是悲憫，甚至是無恥。只有正視人類之惡，只有認識到自我之醜，只有描寫了人類不可克服的弱點和病態人格導致的悲慘命運，才是真正的悲劇，才可能具有拷問靈魂的深度和力度，才是真正的大悲憫。在莫言獲得茅盾文學獎的作品《蛙》中，主人公曾經給許多嬰兒接生，是守護生命的天使，同時為了堅決執行計劃生育政策，給無數孕婦強行引產，造成過一屍兩命的悲劇。作者在這一過程中，不斷挖掘和拷問自己的靈魂，讓「姑姑」嫁給了擅長捏泥娃娃的人，以便通過那些栩栩如生的泥娃娃，化解心中之惡，讓自己的靈魂獲得超度。村上春樹在這方面同樣有清醒的認識，他認為寫小說是為了尋求自己和他人之間同情的呼應性、靈魂的呼應性，為此必須深入真正黑暗的場所，深入自己身上惡的部分，否則產生不了共振。即使能深入黑暗之中，如果深入得不深不淺，也還是很難引起人們的共振。他正是在這個意義上構思惡的。村上春樹出版《天黑以後》接受採訪時再次表示，無論《天黑以後》中的白川還是《海邊的卡夫卡》的瓊尼·沃克和山德士上校，他們身上體現的惡都不是來自外部，而絕對來自人的內部。換句話說，惡對於任何人來說都不是他者，惡就在自己身

上，只有深挖下去才能與他人靈魂產生共振，才能產生真正的悲憫。這也正是善惡中間地帶之說的深刻之處和價值所在。

第二個相同：民間視角與邊緣人立場。莫言是在高密東北鄉邊緣地帶長大的農民，身上天然流淌著民間邊緣人的血脈，這使得他以民間視角創造了許許多多邊緣人或者帶有邊緣人色彩的主人公畫卷。其中最典型的就是《生死疲勞》中在農村合作化和人民公社化時期拒不入社的、全國唯一單幹戶藍臉。莫言在瑞典學院演講時專門提到這個邊緣人：「小說中以一己之身與時代潮流相對抗的藍臉在我心中是一位真正的英雄。」在《三十年前的一次長跑比賽》那部中篇小說中，右派朱總人居然成了最受尊崇的高人：寫一手好字，打一手好球，八千米長跑比賽，原本跑在最後面的這名右派最後成了第一名。莫言在主流與主旋律敘事高高在上、基本不存在個性的時代舞臺上逆時代潮流而動，將被時代唾棄的另類塑造成了英雄。此外，我們在他的作品中也可以看到個體生命，尤其是邊緣人生命被歷史大小謬誤蹂躪和肢解而欲哭無淚的慘烈經歷，看到作者以個人經驗進行個性化寫作洞穿歷史的雄心、勇氣與力量。這在很大程度上不妨說是在民間視角與邊緣人立場觀照下的產物。中山大學謝有順教授認為：「莫言從一開始就是反叛的，也一直未被主流文化所成功消化，他的小說，無論精神指向，還是敘事風格，都是先鋒的、獨立的、非主流的。他沒有成為這個盛世的合唱者，他眼裡所看到的，也多是受傷者和軟弱者。他寫的，就中國龐大而堅硬的現實而言，是邊緣的，是經常被人忽略和刪除的。」

村上春樹與此同時也進行著類似的努力。迄今為止，村上沒有參加過任何組織和團體，沒有任何職場經驗。成為專職作家之前，他是

爵士酒吧的小老闆，一當就是七年。當了作家後，甚至作家協會這樣的組織他也沒有參加過，可以說是在游離於社會主流的邊緣地帶生活的邊緣人，是不折不扣的個體戶，和藍臉一個樣兒。村上本人也對此直言不諱，說自己是徹底的個人主義者，不把東西交給任何人，不同任何人發生關聯，拒絕任何外部的無論他人還是體制的束縛，個體自由是他優先考慮的選項。二十多年來，村上一直追求極為私人性質的文學，一直以個人化的文本、個人化的方向追求極為個人化的主題。他還說，理所當然，剛開始寫小說的時候，我考慮寫的就是個人主義人物，就是他們在社會規範的邊緣謀生的場景。眾所周知，日本人是以集體性、集體協調性著稱，村上對日本人的集體性這一點深惡痛絕。有一次對日本人進行問卷調查，要在自由、民主、集體性、個人性之間選擇，日本人大多沒有選擇自由及個人性。他對此感到很失望。可問題是，包括邊緣人在內的任何個體都不可能從根本上脫離國家、社會體制和主流文化而單獨存在。這種雙重性讓村上感到糾結和痛苦，使得他深入思考體制和個人之間的關聯性，從中探討作為邊緣人和個體獲得自由的可能性，以及應該承擔的責任和義務，從而使個體邊緣人的生活場景、人生姿態成為窺視體制或者社會結構的一個內窺鏡。於是，我們在《奇鳥行狀錄》中看到了日本戰前軍國主義體制的運作方式及其給個人造成的身心重創。從《海邊的卡夫卡》中我們看到一個另類少年如何在成年人社會中聚斂成型。

莫言在二〇〇八年接受《上海文學》採訪時也說，好的小說就是作家從個人出發創造的小說。如果作家個人的感受同時代的要求產生一種巧合，那就非常幸運了。如果作家個人的痛苦在小說裡宣洩的過程中，正好暗合了大多數人的痛苦，滿足了大多數人想宣洩的欲望，

那麼，這部小說肯定具有普適價值。雖然莫言和村上追求的都是個人性，但在作品的某一點上二者融為一體。可以說，兩人都是非常幸運的作家，個人性恰巧和集體訴求碰到了一起。村上追求個人性，但就中國而言，這種個人性同處於社會轉型期的中國年輕人的心理走向、審美訴求、心靈品位的開拓碰到了一起。我想這是村上能在中國收穫如此大面積流行的主要原因。

第三個相同：富有東方神秘性的魔幻現實主義。「通過魔幻現實主義將民間故事、歷史和現代融為一體」，對莫言的這句諾貝爾文學獎評語，用在村上身上也無不可。只是無論對於莫言還是村上，「因此創造了一個世界，其複雜程度，令人聯想起威廉・福克納和加西亞・瑪律克斯」之語都有失偏頗。莫言否認瑪律克斯對他的影響，否認《紅高粱》有《百年孤獨》的投影。不過他承認，福克納的《喧嘩與躁動》對他的創作有所啟示。莫言說：「讀了福克納之後，我感到如夢初醒，原來小說可以這樣寫。」但是他又說：「瑪律克斯和福克納絕對是兩座熾熱的高爐，我們必須離得遠一些。我們是冰塊，離得近了會熔化掉，而且我們也不要試圖超越一些東西。文學史上的大作家是一座座無可超越的巔峰，你只能另立山頭。」事實上，莫言創作的魔幻現實主義，與其說處於瑪律克斯和福克納這兩座巨峰的陰影之下，不如說這種魔幻或者夢更富有東方神秘性。這種神秘性主要來自民間故事、民間文學以及中國古典文學。其中莫言最看重的是《聊齋志異》，他說，「蒲松齡是我的家鄉人，《聊齋志異》裡的許多故事我小時候就聽村裡的老人講過」。他在獲獎演說《講故事的人》中再度提到他的家鄉流傳著許多狐狸變美女的故事。他說：「我幻想著能有一個狐狸變成美女與我來做伴放牛。」那些民間故事，日後成為他文

學創作的來源,使得他筆下的故事蒙上了一層東方神秘色彩。比如
《透明的紅蘿蔔》中的紅蘿蔔和主人公,尤其是《生死疲勞》中的六
道輪回,魔幻程度可以說超越了卡夫卡的《變形記》。正如上海大學
中文系教授陳曉明所指出的:「他的歷史變形記也是魔幻色彩十足的
後現代敘事,那不只是對當下後現代魔幻熱潮的回應,也是對中國本
土和民間的魔幻的繼承,例如《西遊記》、《聊齋志異》等名著的人
獸同體、人鬼同形。」事實上,魔幻現實主義何嘗只是拉美現實主義
的專利?中國四大名著中的《西遊記》自不必說,《水滸傳》、《三國
演義》又何嘗沒有魔幻色彩?那些英雄傳奇,那些超能量,動不動力
舉千斤,有萬夫不當之勇,這些不是魔幻又是什麼?《紅樓夢》的太
虛幻境難道不是魔幻?總之,中國傳統和民間的魔幻資源十分充足,
莫言運用得心應手,源於他的自信心。

　　村上接觸的是江戶幕府時期創作的志怪故事《雨月物語》。《雨
月物語》是十八世紀上田秋成創作的志怪小說。書中九篇故事就有六
篇脫胎於《剪燈新話》、《白蛇傳》等中國古代傳奇話本,一個共同
特點就是故事的主人公自由穿梭於陰陽兩界,或者實境與虛境、此岸
與彼岸、現實與虛擬之間,將二者劃出一條明確的界限幾乎是不可能
的。用村上的話來說:「現實與非現實在《雨月物語》中完全對接,
對於跨越二者的界限我沒有感到什麼不自然。」他認為,物語、故事
就是要超越解釋的層面表達以普通文脈不能解釋的事情。在寫《國境
以南太陽以西》的過程中,他始終在思考那些故事,以至於主人公島
本變得像狐狸精一樣虛實莫辨。而在另一部巨著《奇鳥行狀錄》中,
不相信任何宗教的他,宣揚了六道輪回中的生死輪回。比如西京動物
園的獸醫臉上有一顆青痣,主人公從深井上來之後臉上也忽然有了一

顆青痣。可以斷言，村上試圖用這種輪回暗示歷史與現實之間的某種關聯，作為暗示方式而採用的魔幻現實主義明顯帶有古老東方特有的神秘性。哈佛大學教授傑・魯賓認為村上春樹了不起的成就在於對一個平凡的頭腦觀照世界的神秘和距離感有所感悟，而那種感悟完全是東方式的。村上相信故事的力量，即使在多媒體時代，故事文本仍然具有無可替代的特殊性。由此看來，儘管他和莫言處理的題材完全不同，但兩人採用的魔幻現實主義手法及其帶有的神秘性不謀而合。

第四個相同：創作目標同是陀思妥耶夫斯基。「我是一個講故事的人，因為講故事我獲得了諾貝爾文學獎。」莫言在瑞典演講的題目就是《講故事的人》。村上的說法如出一轍：「小說家就是講故事的人。這是最基本的定義。」沒錯，小說家的確在講故事，這一點不存在任何異議。問題在於講怎樣的故事，也就是寫怎樣的小說。耐人尋味的是，兩位作家不約而同地將目光落在了陀思妥耶夫斯基身上。莫言說：「我甚至認為作家這個職業應該是超階級的，儘管你在社會當中屬於某一個階層，但在寫作的時候應該努力做到超階級，你要努力去憐憫所有的人，發現所有人的優點和缺點。中國缺少像托爾斯泰、陀思妥耶夫斯基這樣的作家，多半是因為我們沒有憐憫意識和懺悔意識，我們在掩蓋靈魂深處的很多東西。」後來他又提到，像陀思妥耶夫斯基的《罪與罰》再放五十年，儘管讀者沒有到過俄羅斯，也沒有經歷過農奴制，看了之後還是會震撼，會觸及靈魂深處最痛的地方。從中不難看出，陀思妥耶夫斯基的憐憫、懺悔、靈魂救贖與自救，是莫言心目中的創作取向。由創作實踐來看，《生死疲勞》中的地主西門鬧堅定地認為自己有地產、有房產、有財產，但是沒有罪惡，土改中被槍斃純屬冤枉。因而他死後儘管在陰曹地府受盡種種酷刑，但仍

然不屈不撓地喊冤叫屈。這意味著莫言表現出難能可貴的對自身靈魂的拷問和懺悔，觸及了作為個人乃至整個民族靈魂深處最痛的地方。

　　與莫言相比，村上對陀思妥耶夫斯基的推崇有過之而無不及。他說自己的教養體驗、最初的知識結構幾乎全部來自十九世紀歐洲小說，所列作家中排在第一位的就是陀思妥耶夫斯基。二〇〇二年他在接受採訪時說：「我的目標就是陀思妥耶夫斯基的《卡拉馬佐夫兄弟》，那裡面有種種樣樣的故事、縱橫交錯、難解難分、發燒發酵，從中產生新的價值，讀者可以目擊。這就是我考慮的綜合小說。」也就是我們常說的「複調小說」。二〇〇八年他再度表明決心：「陀思妥耶夫斯基是我的偶像，我的理想，他快到六十歲的時候寫了《卡拉馬佐夫兄弟》這部至高無上的傑作，我也想那樣。」二〇一〇年他又一次強調：「作為創作目標，最大藍圖就是陀思妥耶夫斯基。綜合小說的樣板就是陀思妥耶夫斯基的《群魔》和《卡拉馬佐夫兄弟》。」所以村上六十歲的時候也寫了一部《1Q84》，但國內外都認為這部作品同《卡拉馬佐夫兄弟》相差甚遠。《卡拉馬佐夫兄弟》是陀思妥耶夫斯基最為出類拔萃的作品，陀思妥耶夫斯基經過長達三十年的觀察和思考，把一個作為家庭悲劇的殺父故事演化成極富社會內涵的宏偉的哲理小說。作品對人生哲理的探求和人性內涵的發掘極為出色，最大的藝術特色在於共時性形態結構，以此彰顯同一時間不相容而又相互交織的多種意識的共生狀態，塑造既是聖賢又是壞蛋的混合性格。小說超越了善惡界限，將高尚與卑鄙、自省與懺悔熔於一爐，展示人類靈魂的切片，反對暴力，提倡仁愛和靈魂救贖，可以說是世界文學史上共時性觀照人物心靈的詩學典範。《奇鳥行狀錄》、《海邊的卡夫卡》、《1Q84》可以說是向這一創作取向發起挑戰的代表性作品。拿

《1Q84》來講，裡面所展現的靈魂切片的紋理深度和關乎人類行進方向的道德感，同《卡拉馬佐夫兄弟》有不容忽視的距離，甚至沒有超越村上自己中期的作品《海邊的卡夫卡》。

莫言在《長篇小說的尊嚴》中說道：「長篇小說的密度是指密集的事件、密集的人物、密集的思想。密集的思想是指多種思想的衝突和絞殺，如果一部小說只有所謂的正確思想，只有所謂的善與高尚，或者只有簡單的公式化的善惡，這部小說的價值就值得懷疑。」去年他在北師大演講的時候毫不含糊地宣稱：「我希望自己的小說不是一目了然的，希望寫出具有最大彈性、最大模糊性的小說，過去我一直追求這樣的藝術風格，但迄今還沒有完全達到。」莫言口中的彈性、模糊性和村上口中的縱橫交錯、難解難分、發燒發酵可以說是異曲同工，都是對陀思妥耶夫斯基的傑作《卡拉馬佐夫兄弟》的認同和嚮往，兩人都在追求那樣的複調小說。

以上嘗試性地論述了莫言和村上的四點相同之處。此外，他們還有以下共同點。

其一，二者都寫到二戰、日本侵華。莫言的《紅高粱》、《豐乳肥臀》涉及較多。村上有《奇鳥行狀錄》、《海邊的卡夫卡》等。值得注意的是莫言、村上都有意觸及沒有進入正史的東西。比如《紅高粱》的真實歷史背景，是一九三八年三月二十五日孫家口伏擊戰，或許因為主力是國民黨遊擊隊，而沒有在革命正史中留下記載。《奇鳥行狀錄》中的關東軍第一次戰敗，被日本軍部刻意遮罩，倖存的參戰官兵被派到戰鬥最激烈的東南亞戰場，以便滅口。此外，兩人作品中都出現了作為當下語境中的對方和他者的中國人、日本人。例如莫言的《蛙》，村上的《且聽風吟》。

其二，兩人總體上都不直接介入政治，而潛心從事文學創作，並以此干預社會。究其原因，同兩人性格都比較內向有關，兩人都行事低調。

其三，二者都在文體和語言上有自己的追求。莫言說自己從創作之初就關注對語言的探索，認為考量一個作家最終是不是真正的作家，一個鮮明的標誌就是有沒有形成自己獨特的文體，認為對語言個性的追求是一種悲壯的戰鬥。村上反復強調文體就是一切、語言就是一切，大體追求的是四種可能性：一是語言的可能性；二是故事也就是物語的可能性；三是個體靈魂所能獲得自由的可能性；四是個體靈魂在衝擊高牆方面所能達到的可能性。可以說像他這樣重視文體和語言的作家，在與他同時代的日本作家中是少有的。有一個不太恰當的說法，如果說莫言的作品是縱慾的，村上的作品則是禁慾的。莫言縱橫捭闔、不可一世，村上含蓄內斂、輕逸灑脫。

借用中國作協李敬澤的話說，村上大約是一位飛鳥型的輕逸作家，他不是靠強勁狂放的敘事而只是富於想像力地表達人們心中飄浮著的難以言喻的情緒，他的修辭和隱喻豐富了無數人的自我意識。所以村上小說的主題是全球化時代的生存境遇的感傷寓言，對很多不同國度的讀者來說差不多就是當代的卡夫卡。

最後，祝願莫言寫出陀思妥耶夫斯基那樣偉大的複調小說。用莫言自己的話來說：「偉大的長篇小說沒有必要像寵物一樣遍地打滾，也沒有必要像獵狗一樣結群吠叫，它應該是鯨魚，在深海裡孤獨地遨遊著，響亮而沉重地呼吸著，波濤翻滾地交配著，血水浩蕩地生產著，與成群結隊的鯊魚保持足夠的距離。」莫言是一個有格局的男人，這段文字寫得大氣象、大胸襟、大格局、大丈夫。

也祝願村上春樹寫出不亞於或僅次於陀思妥耶夫斯基《卡拉馬佐夫兄弟》那樣的綜合小說。也用村上的話說：「裡面有某種猥瑣、某種滑稽、某種深刻又無法一語定論的混沌狀況，同時有構成背景的世界觀，如此紛紜雜陳的相反要素通通擠在一起。」村上和莫言表達的意思大致相同，氣象不同，問題不同。

　　今生今世，我無論如何寫不出那樣的小說了，無論如何也拿不到諾貝爾文學獎了。唯其如此，我才祝願別人，祝福別人，祝福偉大的小說，祝福諾貝爾文學獎！

2014年於華中科技大學演講

田小桐根據錄音整理

文學經驗與科學精神

李敬澤　中國作家協會副主席

　　非常高興能夠和這麼多同學交流。我記得我剛來的第二天，好像也是在這個樓裡講過一次。我到華科大來，心裡面很忐忑。為什麼忐忑呢？因為華科大有這麼多理科生、工科生，我自己是個文科生，我們一家子都是文科生。所以說對於像我這樣的人來說，對工科生和理科生抱有一種敬畏之心，因為他們在我看來真是非常神奇，有很多我的智力和能力所達不到的本事。我現在經常在家里弄個什麼……現在電器又多，弄著弄著，完全拿它沒辦法——怎麼弄，連拍帶打就是沒有反應。這還得打電話求人，說：您忙不忙？不忙到我家來看看吧！這個人說：好吧！來了。來了我還得泡上好茶等著。結果人家一來，「梆」往那兒一摁。我一看：啊！沒事兒啦！好！很崇拜。所以這次來到華科大，知道我們這裡住著好幾萬的理科生和工科生，我感到一方面很敬畏，一方面很忐忑。忐忑在哪兒呢？就是說，面對這些理科生和工科生，我有什麼好談的。好在，一進來我就趕緊了解，原來我們華科大也有文科生。我說這下好了，和我們的文科生總還是有一些共同語言。所以我上次在那邊那個更小的教室裡，基本上就是和中文系的同學談為什麼我們華科大應該有一個中文系，或者說，文學教育、文學素養對於我們這樣一所大學來說，它的意義何在。但是我今天發現，往這兒一站，他們告訴我今天來的可不光是文科生還有理科

生。那麼我發現我這個題是搞反了，我應該今天來談一談華科大為什麼要有中文系。但是已經反了，那個題我已經談過了。

我今天其實要談的是什麼呢？我今天要談的還真不是說我們的理科生或者工科生，他們能夠從人文教育中得到什麼。我要談的其實倒是反過來，就是我們的文科生，我們的人文學科、人文學科的學生，具體到像我這樣搞文學的一個作家、一個學文學的學生，他們能夠從科學中、從我們的理科生、工科生那裡學到什麼。所以我來這兒之前，昨天晚上和幾個朋友坐那兒聊天，說起今天晚上要來講課。然後我說，還想不起題目來。我跟大家把我這個方向、基本想法說了一下，但我說：說什麼，我還不知道，沒想好。然後就有朋友跟我說：你可以講一講，中國現代文學和當代文學中的理科生的形象或者說工科生的形象。這個問題還真把我難住了。我後來想了想，我們現代文學裡有那麼多的小說，當代文學裡也有那麼多的小說，但這裡面真要說哪個是專門寫理科生或者工科生的，我也能舉出一些，但是肯定不多。

我感興趣的倒不是這個，我感興趣的是什麼呢？那就是現代以來，中國有多少作家曾經是理科生或者工科生？我有點孤陋寡聞，回頭我得請教一下蔣老師。因為我這一路上想來想去，我得承認，理科生和工科生當作家的確實不多。但是醫科生當作家的很厲害。這個大家都知道，魯迅先生是學醫的，郭沫若也是學醫的……然後我就想了想，假設讓我碰到魯迅先生給我開刀，我覺得還勉強能接受，儘管魯迅先生肯定是脾氣不太好，臉也比較黑，比較嚴肅。本來我就害怕，讓魯迅開刀我肯定更害怕。但是如果讓郭沫若給我開刀，那我一定逃跑，這個受不了，因為我不敢保證他是不是開刀的時候要詩興大發，

那就要命了。醫科改行當作家的，從現代開始斷斷續續一直有。眼前還有一個例子，就是我們現在一個很有名的「七〇後」作家——馮唐。馮唐是協和醫科大學學婦產科的。所以我跟馮唐很熟，但是我找他還常常不是為了文學上的事，常常是某個朋友說其夫人有什麼婦產科上的問題，這得找馮唐。他現在當然也早不當大夫了，但問題是他的同學現在都是協和醫院裡婦產科的大腕兒，都很厲害。大致也就如此。如果我們再想，學工科的也還是有。我們當代文學作品中大家都知道有《喬廠長上任記》。那是在一九七八年發表的很重要的一部作品，在八〇年代文學的譜系上通常會被認為是所謂的改革文學的先驅。它的作者蔣子龍就是學工科的。另外現在也還有一個學工科的，誰呢？麥家，就是寫《暗算》的那位作家。我禮拜天從武漢回北京，就是為了和莫言一塊兒給麥家的那個《解密》——他要重新出版他的《解密》——搞一個活動，我們去參加。在那次活動上，我就談道：麥家作為一個小說家是工科生，這不是一個一般的身分問題。也許我們可以從他是一個工科生來理解他的小說。我不知道在座的朋友們都讀過了沒有？像麥家的小說《解密》、《暗算》，主要寫諜戰，寫怎麼破解密碼，寫那些很傳奇、很有邏輯、很有推理能力的小說。現在想一想，如果不是個工科生，還真寫不出來。我最近重讀《解密》，《解密》講的是密碼的破譯問題，其中談到的數學啊，這些看得我就……但是麥家很厲害，他能讓我們這些不懂數學的人也能大致知道這裡的好玩之處……但是我想到一個作家居然能把這些事兒搞得這麼清楚，我心裡真是崇拜得很。

說這些是為了什麼？我想說的是，儘管在中國，現代科學從一八四〇年以後逐步進入中國，科學還不僅僅是科學，科學也是一種

精神和文化，也是一種價值觀，是一種認識世界的方式。那麼現代科學一八四〇年以後逐步進入中國，特別是五四運動的時候，我們有兩面旗幟，一面是「德先生」——民主，另一面就是「賽先生」——科學。時至今日，經過這一百多年，科學在中國的文化和生活中可以說具有了很高的地位。但是，一方面科學的地位很高，科學很重要，全國人民都贊同這一點，同時現當代以來我們培養了這麼多的工科生、理科生；而另一方面，有時候我們還是會感到，在我們的文化中，科學的精神還遠遠沒有落地，還遠遠沒有生根。其他方面，我就不說了，因為其他方面我又不懂，那麼就說文學。文學通常會被認為是跟科學相對的一個東西：一邊是文學，一邊是科學，這幾乎是一個事物的兩極。我那天也講過，科學處理的是理性，是人類的理性邏輯的這一面；文學所處理的是什麼呢？處理的是我們的情感，我們的欲望，我們的希望、幻覺、情緒等方面。科學靠腦袋，文學主要靠什麼呢？腦袋以下的部分——身體和心。文學強調的是感受。我不知道大家注意到沒有，在我們漢語中也是這樣。儘管我們現在知道從科學意義上說，這「心」是管不了什麼事兒的，它主要就是管血液。但是在我們的傳統中，心是個巨大的感覺器官，心是和我們的情感密切連繫的。腦子這個地兒是個搞陰謀詭計的地方：我要動腦子——這個我要搞陰謀詭計；我要算帳——這個我要動腦子。但是你說我們要碰到一個女孩子，我們肯定首先要動心；也許動完心了你再動腦子說我怎麼接近她……這是動腦子。當然前提是動心。心會告訴我們一些東西，告訴我們一些不經理性檢驗的東西。後來我一個朋友搞心理學，他跟我談過這個問題。他說，你不要以為我們古人的語言的用法是沒有道理的，而是有道理的。就是說我們古人很頑固地認為情感跟心有關，這

是有道理的。他說我們有實驗資料的支撐：比如一個男孩子碰到一個他所心儀的女孩子，這個時候事先連上一串電極——這個也是你們理科生才懂的東西——說到時候一測，整個心率不一樣，就是「動心」了。也就是說心這個地方，它確實與我們的情感密切相關。所以在這個意義上說，文學和科學常常被認為是人類生活中的兩極：一極是在腦袋這裡，一極是在心這裡。它管的也是我們人類生活中，很不相同的兩個區域。你說你要是搞實驗天天動心，這個很麻煩；但是如果你談戀愛只動腦不會動心，這個恐怕也談不成，所以它們是管的我們人類生活中很不相同的兩個區域。

那麼我現在要談的是什麼呢？那天在那個小會議室裡我在談：其實腦子應該向心學習——我們的科學家們，我們的工程師們，無論是在你們今後處理社會生活還是處理你們自身在這個社會中的種種事務，除了你們的那種精確的理性思維之外，你們還應該對人類生活中那個幾乎是不可預測的、不講道理的那個情感情緒的那個區域，有充分的敏感、充分的感受能力。你沒有這個能力，真的以為這個世界就是按照一個方方正正的理性來運行的話，那麼我們會犯很多錯誤。即使是理性運行得再精確，在實際的人類生活中，也一樣會犯很多錯誤，包括在經濟學上。我們大家都知道，二十世紀五六〇年代要實行「計劃經濟」。為什麼要實行「計劃經濟」呢？要我看這就是工程師們的美好理想，就是說我們可以完全憑著人類的理性，計算人類的供給需求這些複雜的經濟活動，我們給出一個最美好、最完善的模型來，按照這個模型達到最大的效力——這個叫「計劃經濟」。結果我們搞了二三十年，發現搞不通，發現有問題。為什麼？就是因為沒有意識到即使在人類這麼算計的經濟生活和買賣關係之中，人類也不是

完全靠理性的；影響人們經濟選擇的有大量的非理性的、情感的、不講道理的因素，你不把這些因素考慮進去，我們的「計劃經濟」就搞不成，就沒搞成。所以我們現在講的是這一方面。

　　但是今天晚上我想講的是什麼呢？是事情的另外一面。另外一面就是，我們的文學，我們的其他人文學科，其實同樣需要向我們的科學學習，向我們的理工思維學習。而且這種學習其實同樣重要和迫切。前天在「喻家山論壇」上，有一位年輕人，論壇都散了又追上來，說：剛才沒時間讓我提，其實我還是想提個問題。提什麼問題呢？那說吧！提這個問題很有意思，就是說那個武大的櫻花是日本人種的——我也不知道他是有根據還是想當然，我們現在還有那麼多人一到花開就都去看櫻花，這太不應該了，您對此有什麼看法？我說，我這個看法就是：第一，您打算怎麼辦呢？您打算把那些櫻花樹都砍掉？您打算把砍櫻花樹當作反對日本帝國主義的一次偉大行動？我說你要這麼幹，中國人民高不高興我不知道，但日本人肯定要笑掉大牙。第二，我說恐怕除了你要考證一下這些櫻花到底是不是日本人種的，另外還有一個更重要的考證，這個我還真考證過。關於櫻花的來源，有的說是韓國，有的說是中國，現在在學術界占壓倒性的說法是，櫻花的原產地就是中國，世界上百分之八十的野生櫻花都在中國。日本的櫻花怎麼去的呢？唐代的時候從中國帶過去的。所以我說你看，你要真把它砍掉，你砍的還是咱們的櫻花，心胸能不能寬廣一點兒？這就不說了，題外話。但說的是什麼呢？我覺得又有一個特別有意思的事兒。既然櫻花是中國的，原產地就在中國，在中國的很多地方都原產櫻花，那麼為什麼在中國的古籍中沒有記載，很少談到櫻花？後來我翻了翻資料，有個解釋，說我們中國的古人太不講究了、

太不嚴謹了，一兩千年來，一直把櫻花和櫻桃搞混了，就是沒仔細研究過櫻花和櫻桃有什麼不同，反正大而化之地把這紅紅的一片當作櫻桃樹！這個我信，我們古人能幹出這種事兒來。因為我還研究過別的，我二十年前寫過一本書，還真自己琢磨過這個問題。比如說玫瑰花，玫瑰花我們現在都認為是好的，在我們日常生活中天天要用的——咳，不是天天要用，二月十四日要用。就這麼一個花，你要到中國古人的書裡去翻吧，你永遠搞不明白到底說的是什麼花，薔薇、月季、玫瑰——這幾個說法完全是混的！大部分時間，古人說的那個「薔薇」和「月季」其實就是玫瑰。但是我們的古人——這些文科生也顧不上這些，從來就是大而化之，覺得哪個名字合適就用哪個名字，反正就是那個花兒，大致知道。所以我們現在要查古詩裡面談薔薇的時候，你還得按現在的說法，仔細地查到底是不是薔薇，不一定是現在的薔薇；他說月季的時候也不一定是現在的月季，有時候指的可能是玫瑰。但反正最後都是那麼個花兒，這是我們古人、我們古代的這些文科生幹的事兒。我二十年前還專門研究過啥呢？很無聊。我研究過「鸕鶿」，南方的江上那個魚鷹，抓魚用的，把脖子給勒上，然後讓它叼魚。按說這是古代中國很常見的，至少在南方，其實我查了一下，從古籍上講，包括北方，河南、陝西那一帶，當時都是用這種方式捕魚。就是這麼一個常見的東西，對於古人來說幾乎就相當於他們家養了只鵝一樣的東西，你要翻翻咱們這古書吧，關於鸕鶿的生殖方式就有各種千奇百怪的說法：有人說它是生蛋的；有人說它不是生蛋的，大鸕鶿下小鸕鶿。那個時候我看完後把這些捋一遍，我就說，在這點上我真不敢恭維我們古代的這些文科生啊，多複雜的一個事兒啊，就在你眼前嘛，你好好觀察一下，你還搞不懂它到底是生蛋

的呢？還是大的生小的呢？不花這個功夫。興之所至，提筆，這叫寫詩呢。所以某種程度上你就了解，為什麼我們的古代沒有產生出現代科學。我們古代都是由我們這些文科生憑著這種思維來搞，他永遠想不到對這個世界上的事物進行精確的分類，進行仔細的觀察，進行確切的定性。想不到這些，一切都是詩人的思維，大而化之，就這樣了。然後就這樣了還好，有時候還要放縱美好的想像，想得很奇怪。詩是都作好了，科學是談不上。這個毛病直到現在也沒怎麼改。就是說在我們的文學中，在我們的文化藝術中，這個毛病現在也沒怎麼改。

那麼話又說回來了，有的人會反駁我，說：沒怎麼改就對了，因為我是搞藝術的，我是作詩的，我只需要詩情畫意啊，我真的不需要那麼精確的科學的觀察。為什麼說我們有個中國畫的傳統——「寫意」？一個中國畫家永遠不會去深刻地、深入地想，說現在我畫的這只鳥是什麼鳥，我要畫得多麼像，多麼確切，那在咱們中國人看來是極俗的一件事兒，那是鳥類學家幹的事兒而不是一個藝術家應該幹的事兒。是不是這樣？在其他藝術門類中是不是這樣我就不好講，但僅就文學來講，我覺得，這樣一種科學素質和科學精神的缺乏，實際上是對中國文學的長遠發展和中國文學自現代以來的發展都造成了一些隱蔽的我們還不太注意的負面影響。我們同樣也可以反過來去考察一下，比如十九世紀的歐洲文學。我們一談起十九世紀歐洲文學，就會談到雨果、巴爾扎克、司湯達、福樓拜這樣一些偉大的作家，我們也會談到現實主義、浪漫主義、自然主義等寫作潮流。在我們的文學史上，或者是在我們的文學理論批評史上，我們通常都是把它當作文學內部的事情，是我們文學自己的事情，是一幫文學家們、文學的理論

家和批評家們，在我們的文學發展過程中，我們天天在這兒拍腦袋，想啊想，想出了這些好辦法。實際上，那個時代的文學是那個時代的整個文化、社會、精神方方面面共同運動的結果，其中很重要的一個，就是科學、科學精神在文化中的大規模的推進。科學帶給了小說家們新的眼光。從某種程度上講，科學也使得歐洲的這些小說家們獲得了新的工作方式，建立了新的工作倫理。對這方面我們實際上談得是很少的。比如，我們現在讀巴爾扎克的小說，我們會發現幾乎從十九世紀早期、中期開始，不僅是巴爾扎克，而且當時歐洲的其他小說家，他們的小說中發生了一個很重要的變化，什麼變化呢？就是像巴爾扎克這些作家，他們忽然有一種熱情：我要用我的語言非常確切地去表達、去掌握外邊的這個世界，這個客觀的世界。我們有時候會有點兒忍受不了巴爾扎克，他會帶著一個人說，這個人到哪條街上去，看到一個房子；進了這個房子，走到客廳裡去。從街上進到房子，走到客廳，巴爾扎克能花兩頁甚至三頁的篇幅。幹什麼？他會非常細緻地說，在街道上這個房子是什麼樣的。他不會就用一句話說「這是個破舊的房子」、「這是個搖搖欲墜的房子」、「這是個讓我想起什麼的房子」，他覺得這些都不行。我必須確切地表達出來這到底是個什麼房子，是個什麼樣的房子。巴爾扎克不惜從最細部的開始說：這是一個什麼房子，進了屋，客廳的陳設是什麼樣的，然後從裡屋出來一個人，這個人的神情是什麼樣的，他的衣服是什麼樣的，他的穿著是什麼樣的。我們現在的人再看那樣的小說就覺得太囉唆了。為什麼呢？因為我們現在的人是電視時代的人，不用你跟我說那麼多。但我們可以返回十九世紀來想，那時候也沒有電視，那時候甚至照相機都沒有發明和普及。為什麼巴爾扎克要這麼寫？而且為什麼在

這之前的小說家不這麼寫？我想這就體現了整個科學精神，包括科學在社會中的文化權威，在整個十九世紀的擴散，擴展到文學中。這樣一種觀察描述的確切性，它變成了一個藝術標準，變成了一個工作標準。就是說，不要以為我們是搞文學的，我們就可以天馬行空；天馬行空可以，但是即使天馬行空，你也要如此確切、如此準確地把天馬到底是怎麼回事兒，這個馬從頭到尾，從頭髮梢兒到尾巴根兒，你要給我精確地表現出來，精確地刻畫出來，令人信服地展現在這裡。這個完全是在十九世紀科學精神的引導之下，為小說帶來的一個全新的藝術標準和藝術志向。而且這種標準和志向，還不僅僅是一開始我們所說的像巴爾扎克那樣的，僅僅是一個外部事物的外部描述，很快它就會深化為對人的看法。比如在自然主義中，在左拉那樣的作家中，他就是要用一個科學的方法、科學的眼光，把人像植物分類中的一個類別一樣加以分類、加以分析：這個人為什麼是這樣的人，環境對他有什麼影響，遺傳對他有什麼影響，等等。這同樣是在科學思維之下，對人的一個重新認識。也許直到現在，我們的很多文學家對這樣的影響也還是有的認為很好，有的認為不好。但是有一點是肯定的，正是在這種科學影響之下，才形成了現代小說的一系列基本的藝術標準。比如說小說的結構，我們現在都認為這很正常，因為小說應該有複雜、精密、完整、準確、首尾相顧的結構。這個信念從哪兒來的？不是從來都有的，我們看古代的小說，那個結構是很隨便的。古代小說的結構幾乎完全是個自然生成的結構，很隨便。《紅樓夢》的結構看上去不隨便，但問題是它沒寫完，所以我們也不知道它到底隨便還是不隨便。

總體來講，無論是中國小說還是外國小說，十九世紀以前的小

說，大部分都很隨便，沒有我們後來認為的小說要有一個完整的、精確的結構。十九世紀以後不一樣了，從某種程度上講這也是科學造成的。在經受科學洗禮之後，人們認為需要在一個完整的、精確的、邏輯清晰的結構中，達到對世界的藝術認識。同時科學也確立了小說家和藝術家的一些基本的工作標準和工作前提。包括我們現在老講的，小說家必須深入生活。從毛主席就開始講「深入生活」，要觀察生活。其實我們仔細地分析一下這個說法，古代沒這個說法，古代沒有人要求人深入生活。「深入生活」是哪兒來的說法？從觀念的演變上說，這種深入生活的要求，同樣是十九世紀的科學影響下的一個結果。十九世紀的科學決定性地影響了人們對文學的看法：文學是對某種事物的反映，所以要像一個科學家一樣，要像達爾文去考察古生物一樣，深入到那裡，面對那個物件，進行觀察、分析、研究；而且像科學家一樣，人們還希望深入生活的時間越長越好，越辛苦越好。所以我要說的這一切都表明：科學不是和文學沒有關係的，科學不是文學的另一極。或者在我們今天這個論題的意義上，它不是另一極。科學已經深刻地影響到十九世紀以後世界文學的發展，確立了文學的基本指標、基本的工作規範。正是在這個意義上說，我個人覺得我們的文學、我們的作家在如今的這個時代，在科學已經在全社會取得如此輝煌勝利的時代，我們其實依然有必要重溫文學曾經從科學那裡得到的饋贈。這種饋贈在今天的文學和文化發展中，也不是沒有意義的。我認為我們現在有些問題，可能恰恰是因為我們忘了這份饋贈。我們已經忘了科學曾經給我們打開了一個新的天地，曾經在某些方面根本地影響了我們的工作方法和我們的工作倫理。我特別愛看江蘇臺一個相親節目，叫《非誠勿擾》。每個禮拜六、禮拜天，如果在家沒事兒

我就看。在看的過程中，經常你就會發現上來一個文學青年，或者是愛文學，或者是正在搞寫作。一上來一個文學青年，我就開始揪著心。其實和我也沒什麼關係，但是我總覺得怎麼著也算是我這撥兒的人吧，我也和他是一撥兒的吧，情感上還是向著他。但是這麼一期期看下來，我發現一個普遍現象，就是文學青年被滅燈的概率很高，通常是還沒怎麼地吧，燈就被人滅了，搞得我也覺得很沒面子。我仔細地分析了一下為什麼文學青年被滅燈的概率這麼高，我覺得是有意思的。用我們北京話說是「擰巴」。他要是不說他愛文學吧還好點兒，他一說他愛文學你看看那個擰巴勁兒，你就會覺得他無法和周圍的人、和這個世界建立一個恰當的關係，全是擰巴著的。世人皆醉我獨醒啊！別人都是俗人啊，只有我是那啥。我說也難怪，要是我我也滅你的燈：你那麼不俗，你自己不俗去吧。其實既然到了這兒，咱大家想的都是俗事兒：你不就是來找老婆，我不就是來找老公的嗎？你非要擺出一副「我如此不俗」的架勢，幹嗎呢？這是閒話。但由此我想到的是什麼呢？文學，不是天然的……我們老說文學是「真善美」——又真又善又美，簡直好像天下好東西全在它身上了。我覺得不是的，文學不是天然的真善美。文學把人帶到溝裡的情況多了去了。文學是什麼呢？文學是人對自身的想像，文學也是人對整個世界的一種想像。那麼既然它是這樣一種想像、幻想，它其實有的時候是很容易走火入魔的，而且有時候是走火入魔而不自知。所以你就會發現在我們中國文學傳統裡，其實有一個大家都很喜歡但我深不以為然的一個傳統。什麼傳統？就是我剛才說的「世人皆醉我獨醒」，這世界上沒好人，就我好——高度自戀。你就會發現我們中國古人，從古代的文人到現代的文人，別的可能有很大的變化，但這個自戀的勁

頭，那是一直沒變，有時變本加厲。所以你想，你是跑去談戀愛的，但是結果你在那裡盡情地展現你的自戀，能不滅你的燈麼？肯定滅你的燈。所以從某種程度上講，當我們的「五四運動」來臨的時候，一百年前，我們的老祖宗們──魯迅先生、胡適先生他們這些人，他們高舉著「民主與科學」的旗幟，發動一場「新文學運動」，有他們的道理。他們看到了我們的傳統文學精神中，某些非常致命的東西。比如就像我剛才談到的，看到了我們傳統文學、我們傳統的詩學情感、我們過去的古典敘事傳統中，對於外部世界沒有確切的興趣，沒有一個真正的認識熱情。就像我剛剛說的，永遠是大而化之，看了一千年的花兒，搞不清這到底是玫瑰還是月季，還是薔薇，全是亂的。

　　說起來這不過是一個分類錯誤或者是一個分類混淆，但你可以想見這體現的是一個什麼樣的主體狀態。我們一千多年都是在醉眼看花，卻連一種花都看不清。這難道不是問題麼？這是多大的問題啊！同時，我們對於主體與世界的關係、「我」與世界的關係的認識上也有很大的問題。就像剛才講的，我們的文化傳統中，從根兒上說，從屈原開始，當然屈原確實很偉大。這是我們中國的早期，是在我們中國詩歌發展中可以說近乎開天闢地的這麼一個人物，提供了全新的一種文學風格，全新的詩的修辭方式。但是在他的所有的偉大之餘我還是不得不說，後邊的人好多也是跟著他學，也學擰巴了。天天只要生活中稍不如意就恨不得也要像屈原先生一樣「雖九死其猶未悔」，反正天下人都不好，只有我是「美人」，我是「香草」。這樣的一種情感方式其實是有問題的。也就是說，我們沒有一個對外面的世界、對他者、對他人精細地、準確地、有力地去觀察、去考究、去研究、去

認識的這樣一種熱情，我們甚至想不到有這個必要；再加上我們對自己又無限熱愛，覺得自己無限了不起，只要有錯一定是別人有錯，但就是我是沒錯。這兩方面的毛病，說到底，我覺得真是該好好地上幾天理工科的課，學一學，矯正一下，真不是天天讀詩就能夠把這些問題解決的。

從某種程度上講，直到現在，我說的這兩方面的問題在中國文學中依然沒有解決而且依然非常嚴重。現在中國所有作家都很焦慮，說：我們現在要反映現實。怎麼反映現實？現實太了不得了，現實太複雜了。而我們真的花過功夫去研究現實麼？我們沒花過功夫。不要滿足於從總體上、從概念上去對現實做出概括。作為一個作家，你一定要在一個高度具體和細節的水準上，去把握你所選定的這個現實。所以前幾天我在省圖書館也談到一個例子，我就說有個作家用幾十萬字寫農民工的生活，寫得很悲憤。但是有一次我跟他聊天，我就問：現在北京這樣的農民工一個月掙多少錢？他說不知道。我說你怎麼會不知道呢？這樣一個搞裝修的農民工，他做油漆小工一個月掙多少錢？他租房要花多少錢？吃飯要花多少錢？他到網吧去在網吧過夜要多少錢？我這個朋友差點跟我翻臉，說我知道這些幹什麼！我說為什麼你認為知道這些沒用呢？當一個作家，你要寫一個農民工的時候，這個農民工不是一個概念，這是一個活生生的確切的人。他一個月到底是掙五百，或者是掙一千五或者掙兩千五，難道這跟他的整個精神狀態、情感狀態、生活狀態沒關係嗎？太有關係了，這可以說是他一切狀態的前提啊，對吧？你一個月掙五千和你一個月掙兩千這是一個狀態嗎？但是如果你對這個問題其實想都沒有想過，概念你都沒有，你還洋洋灑灑寫了那麼多，你都寫的是什麼呀？說明你根本沒有一個

面對著這樣一個人物，確切地、方方面面地、徹底地、準確地從最微小的方面開始把握他的生活、他的情感、他的困難和歡樂。你根本沒有這樣的願望，你也根本沒有這樣的方法。所以你靠的是什麼呢？靠的就是大而化之。這個民工很可憐，我要同情他，他是弱者，我要同情他。不是說不用你同情，是說你作為一個作家的同情不是靠說出來的，是靠你把這個人活生生地寫出來來實現的。實際上在這個世界上，當我們說我們面對現實、理解現實有如此多的困難的時候，很大程度上是由屬於我們實際上無法真正地在經驗水準上充分地把握現實的方方面面的狀態。就像我講的，你到醫院去看個醫生，那麼他給你拔個牙，拔了，行。你跟他發生的是一個拔牙、被拔牙的關係，是一個醫生和患者的關係。在這個意義上說你完全知道他是個醫生。但是你可能完全不知道也不感興趣，說這個醫生絕不是這輩子只幹拔牙這一件事。他的生活一定有方方面面的豐富性。我前些日子拔牙了，看著那個醫生，我在想，一個人從早到晚盯著別人這嘴，就這麼從早盯到晚，對他來講是啥感覺，我就特別好奇。我覺得一定是非常特殊的感覺：它對一個牙醫的職業來講一定有他的特殊性。但是他的這些除了拔牙之外的所有東西其實我們都不了解。這個社會上很多人，如果看微博、看新聞，好像我們什麼都懂、什麼都知道，但真細問你一下，一個牙醫的生活是怎麼回事兒，一個的士司機的生活又是怎麼回事兒，我們真的知道嗎？不知道啊！我有一次就很感慨，我二十世紀九〇年代的時候，那時候自己沒車，整天坐計程車。整天坐計程車的時候，忽然和這個計程車司機聊起一個什麼事兒，忽然他就說起來：哎，一個夏天我們就變陰陽人了。我說，夏天你怎麼會變陰陽人，這是什麼概念？他說在北京這樣的城市，一個夏天下來，他這半邊兒是

黑的，這半邊兒是白的。他一個夏天下來一直坐在車裡，要曬嘛。這邊按照規定是不許放遮陽棚的，所以他這邊曬得全是黑的，這邊曬不著，是白的。當時我的感覺是什麼呢？我說你看，起碼我坐過上千輛計程車司機的車，但我沒有注意到這個問題。但這在他的生命中其實是很重要的一個事兒，是很能體現他的生命狀態的事兒。

　　文學要做的是什麼呢？文學就是，當我們千千萬萬人，我們這些普通人都滿足於在這樣一個概念的水準上理解世界的時候，都滿足於我和這個世界僅僅發生的是拔牙的關係、坐計程車的關係、買東西的關係、去買一碗熱乾麵的關係——所有這些關係的時候，文學要讓我們和世界重新建立起「人的關係」。通過小說家的想像、表現和書寫，讓你意識到：哦，牙醫不只是個拔牙的事兒，拔牙後邊的事兒還多著呢。你們家那個做裝修的小工，也不光是刷油漆的事兒，他也是個活人啊，活生生的人啊！所有這一切有助於讓我們和世界在文學中建立一個人和人的關係。而為了要做到這一點，確實需要我們的作家、文學家們有一點兒科學的精神，有一點兒對這個世界、對他人耐心、精確地觀察、把握、研究的熱情和方法。當然也正是因為這樣，如果我們對這個世界有一種真正的觀察、把握、研究的熱情和方法的話，我想我們的作家也就不會那麼自戀。什麼叫「自戀」？自戀就是對這世界無興趣，對他人無興趣，只對自己有興趣，這叫自戀。他的興趣投射不到別的地方去，他永遠投射到自己身上。我不知道理工科生裡有沒有自戀的，我接觸不多。但是我想，一個理工科生自戀的概率肯定要比文科生要少得多。因為他的好奇、他的關注一定不會整天投射到自己身上。某種程度上說，中國的文學、中國的藝術氣質，我們真的不缺所謂的藝術家精神——覺得自己多麼高明多麼了不起，多

麼清醒，我們不缺這個，缺的是面對世界的時候的一點謙遜，面對世界的時候的一點寬厚。所以你會發現，我們會在我們的小說中或者是在我們的文化中找到無數很狂的人、很刻薄的人，但很少找到謙遜的人、富於同情心的人，這也正是使人感到失望的一面。文學說到底是幹什麼的呢？人類為什麼需要文學呢？我覺得文學說到底真的不是讓我們用來鄙視、貶低他人的，文學是給了我們信心，讓我們對人的形象，讓我們對人的真善美的可能，懷有一份信心的能力。所以在這個意義上說，我倒寧可希望我們的文學中能夠多一點面對世界和他人的那種謙遜的態度，這個是我們現在特別缺乏的。

總而言之，我用了一個多小時談了科學問題，科學在中國現代文學中，無論是從歷史上還是到現在，我們有了一個嚴重的缺乏科學精神的古典時代；現代和當代，在我們的文學和文化中，儘管科學得到了那麼大力的強調，但實際上，我覺得在我們的文學和文化中有時依然缺乏一種基本的科學精神的薰陶。從這個意義上說，我倒覺得，你們華科大的這些文科生們是有福的，你們有這麼多理工科的同學，你們也有這樣一個理工科的氛圍。有這樣一個氛圍，我覺得其實很可能是件好事。在這個過程中，理工科的影響、科學的影響，可能使得我們在反過身來看文學、看藝術的很多問題的時候，給我們新的眼光，從某種程度上講，也給我們新的創造力。我現在不當編輯了，我以前在《人民文學》當編輯的時候，我是特別關注我的作者們是幹什麼的。每當編輯給我報告說，這個誰誰誰以前是修變壓器的，我就很興奮，我說趕緊拿來我看看。為什麼呢？我希望看到一個修變壓器的人對世界的想像，我不希望看到一個中文系的人對世界的想像。中文系的人對世界的想像我還不知道嗎？大致就那樣。但是我真希望看到修

變壓器的人,在他的心裡、他的眼中世界是什麼樣子的。所以我那個時候跟我的同事們反復講,我說,使勁地去找各種各樣的人,各種各樣有才華的人,最好是使勁兒地去找那些理工生。

　　所以,今天就到了這個理工科生的大本營裡來了,說了這麼多不靠譜的話,請大家包涵!謝謝!

2014年於華中科技大學演講
華中科技大學中國當代寫作研究中心供稿

後 記

　　二十世紀九〇年代中期，在教育部的宣導和組織下，文化素質教育「一呼而起」，高校文化素質教育的研究與實踐探索蓬勃興盛，而人文講座則成為其中一道最為亮麗的風景線。原華中理工大學大學生文化素質教育基地（現華中科技大學國家大學生文化素質教育基地，以下簡稱「基地」）在諸多前輩時賢的鼓舞與關懷下，順勢而為，彙編出版了華中科技大學、清華大學、北京大學、東南大學、北京科技大學、中國人民大學、復旦大學等高校師生提供的人文講座稿，並冠名《中國大學人文啟思錄》。《中國大學人文啟思錄》（1～6卷）出版後，因其參與學校多、專題涉及廣、講座水準高、思想啟迪深，在海內外引起廣泛共鳴，影響巨大。「一花引來百花開」。此後，各高校紛紛推出形式各異的文化素質教育講座並結集出版演講稿，將全國高校的文化素質教育工作推上新的發展高度。

　　時隔多年後，我們決定續編《中國大學人文啟思錄》（7～10卷），主要有三方面的原因：首先是向《中國大學人文啟思錄》（1～6卷）致敬，冀圖以此來繼承與高揚由周遠清、季羨林、楊叔子等先生所宣導和開啟的大學生文化素質教育理念；其次也是對基地十多年來工作的回顧與總結；最後也是最重要的原因為，十八大以來，習近

平總書記關於「文化自信」、「弘揚優秀傳統文化」的系列重要講話，特別是習總書記二〇一四年五月四日在北京大學師生座談會上的講話，在全國高校和廣大青年學生中產生了深刻的影響，為新時期文化素質教育指明了新方向，提出了新要求。一些兄弟高校、一批關注文化素質教育的老領導、老教授和廣大熱心讀者希望我們能繼續推出人文啟思錄。為此，我們不揣譾陋、不畏困難，戮力續編《中國大學人文啟思錄》。

與前六卷的編纂相比，此次續編最大的變化是稿源的單一化，即稿件基本源於在華中科技大學舉辦的各種人文講座。華中科技大學致力於「讓文化素質教育的旗幟更加鮮艷」，精心打造人文講座品牌，二十三年來從無間斷。截至二〇一七年六月，基地共舉辦講座二一八五期，一大批專家學者在這裡留下了大量精彩的報告。本次續編稿件主要來源於二〇〇三至二〇一四年舉辦的一二一四場講座。此外，還有部分稿件來源於華中科技大學中文系當代寫作研究中心和研究生院「科學精神與實踐」講座。

此次續編延續了以前一貫的編輯體例和選錄要求。第七卷選自二〇〇三至二〇〇七年的部分演講；第八卷選自二〇〇八至二〇〇九年的部分演講；第九卷選自二〇一〇至二〇一二年的部分演講；第十卷選自二〇一三至二〇一四年的部分演講。

續編工作由基地主任歐陽康教授組織領導，劉金仿、余東升、索元元、郭玫、曾甘霖等承擔具體的選編工作。

續編工作一如既往地得到了學校領導、楊叔子院士及有關專家學者的鼓勵、支持和指導，華中科技大學中文系、研究生院提供了一批高水準的稿件，一批學生志願者做了大量細緻的錄音整理工作，華中

科技大學出版社給予了大力支持。在此，謹向他們表示衷心的感謝！

編者

2017年10月24日

中華文化思想叢書・當代中華文化思想叢刊 A0103012

中國大學人文啟思錄　第十卷（下冊）

顧　　問　楊叔子
主　　編　歐陽康
副 主 編　劉金仿、余東升
責任編輯　陳胤慧

發 行 人　陳滿銘
總 經 理　梁錦興
總 編 輯　陳滿銘
副總編輯　張晏瑞
編 輯 所　萬卷樓圖書股份有限公司
排　　版　菩薩蠻數位文化有限公司
印　　刷　百通科技股份有限公司
封面設計　菩薩蠻數位文化有限公司

出　　版　昌明文化有限公司
桃園市龜山區中原街 32 號
電話 (02)23216565
發　　行　萬卷樓圖書股份有限公司
臺北市羅斯福路二段 41 號 6 樓之 3
電話 (02)23216565 傳真 (02)23218698
電郵 SERVICE@WANJUAN.COM.TW
大陸經銷　廈門外圖臺灣書店有限公司
　　電郵 JKB188@188.COM

ISBN 978-986-496-426-0
2019 年 3 月初版
定價：新臺幣 400 元

如何購買本書：

1. 轉帳購書，請透過以下帳戶
　合作金庫銀行 古亭分行
　戶名：萬卷樓圖書股份有限公司
　帳號：0877717092596

2. 網路購書，請透過萬卷樓網站
　網址 WWW.WANJUAN.COM.TW

大量購書，請直接聯繫我們，將有專人為您
服務。客服：(02)23216565 分機 610

如有缺頁、破損或裝訂錯誤，請寄回更換
版權所有・翻印必究
Copyright©2019 by WanJuanLou Books CO., Ltd.
All Right Reserved　　　　Printed in Taiwan

國家圖書館出版品預行編目資料

中國大學人文啟思錄　第十卷 / 歐陽康主編.
-- 初版.-- 桃園市：昌明文化出版；臺北
市：萬卷樓發行, 2019.03
　冊 ；　公分
ISBN 978-986-496-426-0(下冊：平裝)

1.人文學　2.文集

119.07　　　　　　　　　　　108003027

本著作物經廈門墨客知識產權代理有限公司代理，由華中科技大學出版社授權萬卷樓圖書股
份有限公司（臺灣）、大龍樹（廈門）文化傳媒有限公司出版、發行中文繁體字版版權。
本書為金門大學產學合作成果。　　　　　　校對：江佩璇／金門大學華語文學系三年級